重庆市社会科学界联合会　编

社科5分钟

专家漫谈社会科学

西南师范大学出版社
国家一级出版社　全国百佳图书出版单位

图书在版编目(CIP)数据

社科5分钟:专家漫谈社会科学/重庆市社会科学
界联合会编.—重庆:西南师范大学出版社,2021.6
ISBN 978-7-5697-0747-2

Ⅰ.①社… Ⅱ.①重… Ⅲ.①社会科学－通俗读物
Ⅳ.①C49

中国版本图书馆CIP数据核字(2021)第052651号

社科5分钟——专家漫谈社会科学

SHEKE 5 FENZHONG

ZHUANJIA MANTAN SHEHUI KEXUE

重庆市社会科学界联合会 编

责任编辑: 段小佳

责任校对: 张昊越

装帧设计: 观止堂_未氓

排　　版: 杜霖森

出版发行: 西南师范大学出版社

　　　　　网址:www.xscbs.com

　　　　　地址:重庆市北碚区天生路2号

经　　销: 全国新华书店

印　　刷: 重庆升光电力印务有限公司

开　　本: 787 mm×1092 mm　1/16

印　　张: 14.75

字　　数: 237千字

版　　次: 2021年6月 第1版

印　　次: 2021年6月 第1次

书　　号: ISBN 978-7-5697-0747-2

定　　价: 58.00元

编委会

主　任

杨清明

副主任

潘　勇　阳奎兴　赖开民

主　编

李向东

副主编

赵学锋　殷　俊

张　露　陈　静

前 言
PREFACE

　　当我们进入网络和信息终端成为中国人生活必须品的时代，以提高公众人文社会科学素养为己任的人文社会科学普及工作也面临着重大机遇和挑战。如果不善于网上传播，尤其是利用新兴媒体进行传播，社科普及的路子就会越走越窄，就会在自媒体的时代浪潮中被边缘化甚至淘汰。唯有创新前行，触网上网，人文社科普及才能跟上时代的步伐，迎来光明的未来。如何把理性味十足的人文社会科学变成公众易于接受的网上文化作品，生活在信息碎片化时代的人们能够乐于接受，"社科5分钟"微信公众科普平台应运而生。微信公众平台以其传播的即时性、使用的便捷性、受众扩张的高效性而进入我们的视野。"社科5分钟"因主要邀请重庆市社科界科普专家作主讲嘉宾，自办音频节目每周播出一次，每期节目3～5个，一个节目一个话题，每节目时间约5分钟而得名。"社科5分钟"始终坚持正确政治导向，以引领大众科普需求为出发点，遵循社科普及基本规律和网上传播规律，紧密联系重大时事新闻，从公众关心的话题和角度入手，揭示、传播、普及其中的人文社会科学。

　　"社科5分钟"由重庆市社会科学界联合会主办，先后委托重庆市演讲爱好者协会、重庆工商大学传媒发展中心承办。"社科5分钟"自2017年10月12日正式上线以来，以5分钟音频节目为主，配之以精美图片、严谨文字，关注时事，贴近群众，把人文社会科学融入到生动有趣的节目中，受到公众喜爱，平台关注人数、阅听人数、点赞数量和留言不断增加，取得了较好的普及效果。为了扩大"社科5分钟"节目的影响，丰富"社科5分钟"的载体形式和传播渠道，我们将网上内容分期编辑成书。本书即为2017年10月至2019年6月上线的"社科5分钟"音频文字节目按照播出的时间先后顺序，精选100期编辑而成。希望本书的出版，让人文社会科学普及得到更多人的关注，也希望收获读者更多的意见建议以期改进。

《社科5分钟》编委会

2020年9月

目 录
CONTENTS

文化传承·情感共鸣·价值引领——

麦克卢汉认为，"媒介是人的延伸"。新式媒介工具往往是基于人们工作生活实践需要而出现的。直播、VR等新式传播技术在政治传播上的应用，使得民众政治参与意识和可能性大大提高。对此，十九大关于新技术应用现象有哪些值得思考？

播出时间｜2017年10月19日

主讲专家｜重庆工商大学艺术学院院长、教授　殷俊

从传播学视角谈"十九大"
对新式传播技术的应用

新技术的运用让十九大的新闻传播更立体、更多元、更高效。以前人民大会堂的开幕式实况，仅仅通过电视直播的方式将画面传达给受众，局限于利用电视直播镜头切过来的画面。而VR等新技术的广泛使用，让每个人都可以通过手机里的H5页面，点击进入人民大会堂，上上下下、里里外外，"身临其境"不再是一种描述，而是一种真实的在线体验。在本次十九大的新闻报道中，有哪些新技术的使用让老百姓足不出户即走进十九大现场？对此，重庆市社科普及专家、重庆工商大学传播学教授殷俊就十九大传播技术范式创新与应用和大家做分析、交流。

1.传播范式创新带来传播格局变革

最近几年，传媒高新技术不断升级发展，新兴媒体日趋繁荣壮大。传播技术的范式创新带来传播格局的深刻变革。图文和一般音视频的传统传播方式已经难以对受众，尤其是年轻受众产生强大的吸引力。VR、AR等传播技术的范式创新，则为媒体带来强大的活力，为受众提供了崭新的传播视角。VR即虚拟现实，通过计算机、VR头盔等硬件设备，模拟产生一个3D虚拟世界。受众戴上相关设备以后能够通过视觉、听觉甚至触觉产生强烈的身临其境之感。AR即增强现实，通过电脑技术将虚拟信息应用到真实世界，将真实的环境和虚拟

的物象实时叠加在同一个画面或空间内。MR即混合现实,指的是合并现实和虚拟世界产生的新的可策划空间。通俗地讲,VR把人的意识带入到虚拟的世界,AR把虚拟的信息带入现实世界,而MR是VR、AR的结合,你中有我、我中有你,交相辉映、不分彼此。

2.VR改变新闻报道形式

VR与新闻相结合,还原了新闻现场,将后台的观众置身于前台,延伸了受众的感官体验。我们受众不再是简单地看、听、读新闻,而是在现场亲身经历新闻事件。《人民日报》、新华社、中央电视台等央媒,新浪、腾讯等网媒都积极参与VR新闻。这个起点是2015年的九三胜利大阅兵《人民日报》"中央厨房"率先引进全景VR设备,记录震撼人心的阅兵盛况,全方位、立体化地呈现阅兵式的精彩瞬间,给予我们深刻的视听体验。在十九大当中,VR技术更是被广泛应用,新华社、《人民日报》、中央电视台等多家媒体采用VR技术对两会现场进行实时直播,我们在手机上点开H5链接,就可以瞬间进入到人民大会堂内部,亲自审视人民大会堂的每一个角落,领略十九大代表的风采。《新京报》推出"我家门前"系列报道,记者通过VR技术,把我们带进北京市街头巷尾,居民亲身讲述我家门前的惊喜改变和居住感受,让我们身临其境。四川、江苏等地利用航拍和VR,聚焦巨变,全景展示城市新面貌,可以说VR使得新闻报道更加直观、形象、生动,也提升了受众对新闻视角的可控性,增加受众对新闻事件的观察和控制。受众能够进行不同视角的切换,这极大增强了受众对新闻事件的可触及感,从而在其使用中获得更高的满足。

3."十九大"新技术的使用与满足

我们知道,使用与满足理论是传播学的经典理论。在十九大当中,传播技术的范式创新,更好地满足了受众需求,推动着我们更好地接受和使用新的传播范式。越是先进的传播范式,我们使用起来越是愉悦。我们使用得越愉悦,使用频率就会越高,这也进一步提高了传播范式创新的动力。这样一个使用与满足的循环,使得我们的传播格局日新月异,使我们的传播面貌焕然一新。在十九大的传播报告之中,VR技术已经成为新的常态。我们期待有更好的技术创新推动传媒新的变革。

关于新技术在政治传播上的应用,就不得不谈"中央厨房"。《人民日报》作为国家级主流媒体平台率先启动"中央厨房"。《人民日报》"中央厨房"由空间平台、业务平台、技术平台组成。2014年10月《人民日报》"中央厨房"项目正式立项,由人民日报媒体技术股份有限公司负责建设。2015年2月,《人民日报》"中央厨房"启动。2016年2月19日,习近平总书记在人民日报社考察时,充分肯定建设中央厨房大平台推进融合发展的路子是对的。2017年全国两会起,"中央厨房"机制全面运行,设立总编调度中心,建立采编联动平台,统筹各方采访、编辑和技术力量,"报、网、端、微"一体联动,建立移动优先、PC做全、纸媒做深、多次生成、多元传播的策采编发新流程,利用直播、VR/AR及H5等新式传播技术实现政治传播。"中央厨房"如今已成为全国媒体融合的"标配"与"龙头工程"。过去一段时间,全国媒体曾掀起一阵建设"中央厨房"的"高潮",《人民日报》"中央厨房"曾被称为媒体融合的"样板间"。

对考研还是工作这个问题纠结的同学，其实是没有更好的选择，既没有找到特别好的工作，也不是特别想继续深造。

播出时间 | 2017年10月26日

主讲专家 | 重庆科技学院工商管理学院教授　胡伟清

到底是考研，还是工作？

今天，我要和大家分享的，是与大四学生密切相关的一个问题：已经到10月份了，是决定考研呢？还是选择工作呢？

这涉及经济学的几个概念。

首先是机会成本。

机会成本不是成本，而是你放弃的可能收益。比如，你听我讲课，需要时间；如果你不听我讲课，可以去做别的事情，获得收入；或者看报纸看书看电视，获得另外的信息；或者听相声看小品，获得愉快。不听我讲课而做另外的事情可以获得的收入、信息、愉快等，就是你听我课的机会成本。

如果我的课要收费，你需要交钱，那是听我课的会计成本，而不是机会成本。机会成本和会计成本是不同的。

各位上大学，会计成本是学费、杂费、生活费等，而上大学的机会成本，则是假定你不上大学，你工作四年可能会挣到的钱。

所以机会成本不是你实际支出的成本，而是你可能失去的收益。

考研和工作，你只能选择一样，也就意味着必须放弃一样。

如果考研，那么，你的机会成本，就是工作三年（国内读研的时间）可能获得的收入，以及更多的工作经历，以及可能存在的更容易进入某个单位的机会（有的单位，早一年能进，可能晚一年就进不了），而如果选择工作，你的机会成本就是读研究生可能带来的收益：比如可能找到更好的工作，可能获得更高的年收入。

说到这里,估计还是不能为你的抉择提供参考,这是因为我们对机会成本的概念还没有说透。

曾经有这么一个问题:比尔·盖茨会不会捡起掉在地上的10美元? 你说呢?

书上的答案是:不会捡起来,因为如果把比尔·盖茨的身价(按最新公布的919亿美元),除以他一生的时间(按80岁的平均预期寿命来算),每秒就是36美元,所以,比尔盖茨捡钱的时间(我实验了一下,大约要3秒钟),值更多的钱。

但这是在机械地理解机会成本,或者说,没有真正理解机会成本。

如果比尔当时没事干,自然就会捡起来,因为那时他如果不捡起来,也不会增加别的收入,或者说,他那时候捡钱的机会成本为0。

但如果有更急的事,比如,钱包被小偷抢走了,你肯定就不捡钱了,而是去追小偷,因为钱包里的东西,比10美元更值钱。

但如果是空钱包,只花5美元买的,那你就不去追了。

而如果这个钱包是朋友送你的,有纪念意义,尽管值不了10美元,你还是会去追,是吧?

所以,这取决于不同的情况。

当然,如果继续问,那该不该追小偷,又涉及机会成本的问题了。

如果机械地以秒来计算盖茨的收入,那他连吃饭睡觉都太昂贵了,可以免了。

同样地,你是否考研,取决于你的具体情况,而没有一个统一的答案。

如果你现在可以找到一份非常不错的工作,那你考研的机会成本就高了,可以不考研;如果你很喜欢读书,非常想进一步提高自己的学历,那你工作的机会成本就高了,可以不工作。

在我看来,提出这个问题的同学,一般是比较纠结的。而纠结的原因,是因为没有更好的选择:既不是特别想读研究生,也没有找到很满意的工作。

考研还是工作,还涉及经济学的另外一个概念——边际效用。

我们从小学一直读到大学,确实已经"读烦了",因此,读书的边际效用递减了,想早点工作是很正常的,换一种方式体验人生。

等到工作了几年,又觉得上班也挺讨厌的,于是,工作的边际效用又递减了,又想换一种方式,去读读书吧。

不是吗? 很多人就是这样的啊,比如我自己,大学毕业工作了四年去读硕士,硕士毕业又工作了十年,再去读博士。

考研还是工作,其实还涉及其他的经济学概念,比如约束条件、劳动的供给与需求等,由于时间关系,就只介绍上述两个概念,不知道对你的抉择是否有帮助。

科普进一步 | 荐读

运用机会成本理论,是经济分析的基础,也是经济分析与财务分析的根本不同。会计成本是已经发生的成本,这与我们惯常理解的成本概念吻合,就是付出。而机会成本则是所放弃的可能收入,其实并没有发生,所以也就不太引起人们的重视。人生最宝贵的是时间,而恰恰绝大多数人是不珍惜时间的,这就是因为头脑里没有机会成本概念。他们的两句口头禅是:亲自动手修马桶时说"反正又不花钱",而没有想到自己的这段时间可能获得更多的收入;虚度光阴打游戏时说"反正又没有钱挣",而没有想到利用时间学习能够提升自己未来挣钱的能力。

确切而言,对一种新工具的依赖性运用,既有人们追新求异的情趣性把玩,更有人们紧随时代生存、生活、工作不落伍的紧迫性选择,当然也有"躲进手机成一统"的"压力性"回避或消解。

播出时间|2017年10月26日

主讲专家|重庆市协和心理顾问事务所所长　谭刚强

怎样看待当下社会的低头族
与"手机瘾"现象?

大家好,这里是"社科五分钟"。我是重庆市协和心理顾问事务所所长谭刚强。今天我从社会心理学角度,和大家谈谈"怎样看待当下社会的低头族与'手机瘾'现象?"话题。

智能手机作为一种新资讯效能生存工具而出现,和现代人的工作、生活密切关联,所形成的"低头族"现象,迅速引起了社会两大敏感群体的格外关注。一是好为人师的"教育牵引群体",一是忧虑接承的"社会导师群体"。

其实,社会公众所呈现的低头泛化现象,只是一种全新的表象现象,并不一定是一种值得过于忧虑的"手机成瘾"病态症状。一些过于操持所谓"正能量"旗帜的教育工作者或青少年成长导师,因自身知识视野所限,很容易把"新人类"的一种新生活应对习惯和新行为操持爱好,简单地表述为一个生理医学和道德人格问题。如著名社会演进学者徐贲所说:"这种经验实质的认识和解释却并不正确。就好比一个人生病发烧,误以为是中了邪或被下蛊降头。"

确切而言,对一种新工具的依赖性运用,既有人们追新求异的情趣性把玩,更有人们紧随时代生存、生活、工作不落伍的紧迫性选择,当然也有"躲进手机成一统"的"压力性"回避或消解。

所以,我们不能简单地以"道德救世主"或"心病拯救者"的身份来谈论"低头族"或"手机瘾"问题,否则,就不可能真正找到形成"低头族"或"手机瘾"现象的根源何在。

套用德国哲学家费希特的解释，即是"为新工具运用而运用的习惯与任何一种心灵习惯都不相同"。亦即是说，沉溺于某种新工具运用，不是新工具本身造成的，而是新工具使用者缺乏自控力，自我放任，把好事变成坏事，甚至是一种罪过，但也是可以通过人的自由主观意志纠正的，关键是对"度"的调整。

真正的"手机成瘾症"，是指使用手机的行为失控，进而导致生理、心理和社会功能受损的痴迷状态。其实，今下众多把玩手机的主体人士还是在完成"新学习任务"。也有部分人士是在完成"超强变迁压力的释放"。唯有极少数生命混沌者才真正在不经意中成为病态的"成瘾者"。

信息时代泛化的"手机成瘾"现象，促成主体根源就在三点，即有人们对社会急剧变迁带来的压力的回避与消解，有人们对独生族世代带来的亲情的迷失与自救，有人们对城市化进程带来的漂泊的恐惧与融合。

研究表明：手机为什么会"赖"上作为现代人生存的你？主要是由个体的"行为习惯、个性问题、心理压力"所导致。观察与研究表明：过度的手机依赖行为会成为我们身体健康的"定时炸弹"，会成为我们学习、工作与生活的"拖油瓶"，会成为我们社会交流和沟通的"一堵墙"。

当我们真正有人生快乐生存的价值取向时，即便际遇上信息多元诱惑或信息焦虑缠绕，我们都可借助更广泛的社交融入，用看书和听音乐等来代替手机把玩，用面对面的线下情怀交流来代替手机交流，用多种类的户外活动（如旅游、摄影、登山等）来代替手机游戏，用对人、事、物的真性情追寻来代替"虚拟的心仪朝向"，用针对自身的"系统脱敏"方法来代替"一刀切"形式工作。

有了这样的主动选择作为，我们就能在社会演进中摆脱"手机成瘾"，并积极用好手机新工具。

科普进一步 | 荐读

徐贲教授特别指出：面对所谓众多的"有瘾行为"，与其责怪数码时代的互联网或其他新媒介技术，与其责怪大众文化的低俗或精神腐蚀作用，我们不如把注意力更多地放在对他们自制力的培养和训练上。

轰轰烈烈的"双十一"来了，商家充满诱惑的叫卖声吸引了无数眼球和流量，当然也赚了个盆满钵满，消费者忙于往购物车里塞货、付款，然后美美地坐等收货。这是个繁忙而疯狂的交易市场。"社科5分钟"，让您了解"狂欢节"的真相。

播出时间 | 2017年11月9日

主讲专家 | 重庆交通大学经管学院经济学教授　韩正清

"双十一"来了——"剁手党"须知

大家好，我是经济学教师韩正清，欢迎来到"社科5分钟"。我们前面聊了一下"双十一"购物狂欢节的前世今生，接下来我们聊聊"剁手党"们的消费行为及电商的促销行动。

消费者为什么要买东西呢？经济学认为，消费者消费商品的动机源于消费者本身的欲望。所谓"欲望"就是一个人想要但还没有得到某种东西的一种心理感觉。饿了想要吃饭，冷了想要穿衣，等等，这些都是欲望。商品就是因为具有满足消费者欲望的能力，才会被人们购买。经济学中通常用"效用"一词来衡量人们从消费商品中获得的欲望的满足程度。一种商品效用大小，取决于消费者的主观心理评价。同样一场音乐会，有人觉得好得不得了，评价高，获得的效用就大，而另外的一个人觉得枯燥无味，评价低，从而获得的效用就小。简单说，消费者的消费行为就是在口袋里的钱一定的情况，如何考虑买到更多、更好的东西，从而获得最大化的效用。

商品买卖的地方就是市场。无论是农村集市，还是城里的商场，都是市场。互联网发达后，市场的边界发生了很大的变化，电子商城应运而生，这里的交易就是"线上"交易，而传统的商场交易就是"线下"交易。不管人们在哪里买东西，都想买到更多更心仪的商品，实现效用最大化。因此，价格高低就成了人们买东西时必须考虑的因素。同样的东西，当然是越便宜越好。众多的电商，就是抓住了人们的这种消费心理，才铆足了劲，在"双十一"大声叫卖。

经济学中通常假定消费者是追求效用最大化的理性经济人。在买东西的时候,懂得货比三家,懂得哪些该买,哪些不该买,懂得买多少,懂得什么时候买。但在"双十一"各大电商们的狂轰滥炸下,"剁手党"们再也守不住脑袋里的"理性"了,冲动消费就成了必然。

那"剁手党"们怎样才能理性消费,实现效用最大化呢?

首先,拟一个商品需求计划和预算安排,把打算要买的东西按重要程度、轻重缓急排个序,哪是必须买的,哪是可买可不买的,哪是当前需要的,哪是根本就用不到的。不要花了钱买了一大堆根本不用的商品,或者重复购买,或者过度购买。

其次,要擦亮眼睛,谨防陷阱。无利不起早,这是商家本性。俗话说"从南京到北京,买的没有卖的精"。为什么呢? 卖家对出售的商品远比消费者了解得多,成本多少,商品性能如何,商品有什么缺陷,消费者显然处于信息弱势的一方。因此,商家设置一些陷阱,消费者未必能识别。那"双十一"狂欢节中可能存在哪些陷阱呢?

陷阱一:提价打折。为了营造低价的市场氛围,先涨价后降价已成为电商行业"潜规则"。举例来说,某款女装平时的网络售价为300元,标示原价为400元,在"双十一"前商家突然将原价标示为590元,活动为打五折,实际销售价格为295元,比平常售价只低5元,实际并不像宣传的那般优惠。面对商家轮番的促销广告,消费者需保持清醒,货比三家,对于心仪商品提前关注,与"双十一"价格进行对比,确认是否存在真正的实惠。

陷阱二:赠品无售后。电商促销的惯用伎俩之一是商品附带赠品,而一般情况下,赠品如果出现质量问题,卖家通常都会以是赠品为由拒绝保修。有的商家活动介绍页面明确显示有赠品,收到货却发现没有赠品。另外,赠品通常没有发票,不享受正规的三包服务。

陷阱三:"电商专供"有猫腻。"电商专供"商品是指生产企业专门为电商打造且只在网上交易平台流通,与实体店销售产品型号略有差别的产品,其特点有二:一是销售渠道单一,只在网络上销售;二是价格优惠。该类商品通常按照实体店的某种产品型号做出某些改动,多数情况是为了节约成本,所以一般比实体店价格低一些,当然质量会差一点。

陷阱四：促销手段复杂不清。电商促销活动一年比一年复杂，更加考验消费者的"智力"，什么预售、定金膨胀、各类满减红包、直降红包、返现券等，让消费者看不明，算不清。

消费者需要弄清各类优惠活动的条件，谨防被套。

好了，各位朋友，今天就聊到这里了，听了我们的解读，你是否能在"双十一"理性购物呢？

科普进一步 | 荐读

如何诱导消费者掏腰包是商家的营销策略，看清消费的本质是为理性消费。了解商家更多的营销心理策略及如何把握理性消费，请阅读《触发非理性消费》。

给孩子取一个朗朗上口的好名字是许多父母的心愿,取名字这件事情很有讲究,父母们不妨在取名之前,了解一点点关于姓氏的小知识。

播出时间|2017年11月30日

主讲专家|重庆大学人文社会科学高等研究院讲师　吴　娇

姓氏趣谈

大家好,我是重庆大学古代文学教师吴娇。最近我在帮好朋友的孩子起名字,说起姓氏的问题,发现咱们当代人对于姓氏还是有许多不了解的地方,正好可以选一些有趣的相关话题简单地聊聊,比如为什么同一个姓氏的人不能结婚?屈原是姓屈吗?秦始皇是叫嬴政还是赵政?哭长城的孟姜女是姓孟还是姓姜?这些问题,在我们了解了先秦时期姓与氏的关系之后,就会迎刃而解了。

早在母系社会的部落聚居时期,人们为了区分不同部落的成员,产生了具有族群血缘标识性质的姓,在人口数量十分少的母系氏族时期,同姓即是具有相近血缘关系的人群。古老的姓如姬、姜、姒等,都是含有女字的,姬和姜可以说是先秦时期最大的两个姓,也是鲁国和齐国的国姓,据史料所传,姬水和姜水是黄帝和炎帝所居住的两条河流的名字,因此炎黄的子孙就以姬和姜为自己族群的标识。随着族群人口的增加和社会的复杂化,母系社会转向了父系,并且西周开国确立了嫡长子继承制度,即一个大家族中,只有正妻所生的第一个儿子享有继承家族、祭祀祖先的权力,称为大宗,其它孩子出去成家立业,每逢大宗祭祀时回家帮忙,称为小宗。为了区分开一个家族里的大宗、小宗和其他旁支,就出现了与姓相对的氏,大宗有固定的氏,其他小宗则可以以自己的封地、官名或者祖先的名字来作为自家的氏,所谓"男子称氏分贵贱,女子称姓别婚姻",就是说看一个男子的氏如何,就知道他所在家族的地位,看一个女子的娘家姓什么,就知道她该嫁给哪个家族的公子。先秦时期的女子很少有名字流传下来,史书中多以她们娘家的姓加上排行或者夫君的谥号来称呼她们,比如孟即是排行老大,孟姜女就是姜家的大女儿的意思。

最后来说说屈原和秦始皇的问题。在《离骚》的第一句,屈原就自豪地自称是"帝高阳之苗裔兮",高阳是楚国王室的祖先,所以屈原其实是楚国的王族后裔,和楚王同姓,姓芈月的芈,但是楚国王室大宗是熊氏,屈氏是小宗旁支。秦始皇也一样,秦国的祖先原本并不是王族,传说他们因为善于驯服鸟兽,被舜赐姓为嬴,之后又因为对周穆王有救驾的功劳,被分封到了赵城,便以赵为氏,所以秦始皇是姓嬴,氏赵,名政,又因为先秦时期多称男子的氏,所以古书中多称其为赵政,称嬴政其实是在后来姓氏不分之后,流传成为对于秦始皇普遍的称呼,那都是近代的事情了。

科普进一步 | 荐读

我国著名的古文字学家、历史学家季羡林先生曾撰写过一篇名为《中国姓氏文化》的小文章,以娓娓道来的笔墨,分享了一些与中外姓氏有关的有趣故事。季先生此文原为《中华姓氏大辞典》序言,后被收录于《季羡林谈文化》等书中。

你家的孩子爱阅读吗？孩子不读书，都是孩子的错吗？事实上，父母重视孩子阅读能力培养，买了书，投入了金钱和精力，可还是有孩子不喜欢读书、不会读书、读不懂书。问题出在哪里呢？也许是在早期的亲子阅读中，家长没有调整好"正确"的姿态哟！

播出时间 | 2017年12月7日
主讲专家 | 重庆第二师范学院学前教育学院教师　江　雪

亲子阅读中，家长你合格了吗？

　　每次朋友聚会，总有朋友问我"江雪，我家孩子怎么老不爱看书啊？""江雪，我照着书单给我家孩子选的书，他咋不高兴啊？""江雪，我给孩子买了那么多书，为啥他还是写不出来东西呢？"。

　　大家注意到了吗？所有的问题都是"我为孩子做了什么"，可孩子却行动无效。这似乎是孩子的阅读引起家长的焦虑。但家长们，你们仔细想过这个问题吗：在阅读中，作为家长的你真的合格了吗？

　　问一问自己几个问题：

　　我在家会看书吗？

　　我每一次为孩子选书前考虑过自家孩子的阅读情况和孩子的喜好吗？

　　我督促着孩子读完书后，读过同一本书吗？平等地和他交流了吗？

　　阅读不是"看过"书就完成了，也不是偶尔闲聊时提到"这本书我看过"。阅读应当是有生产力和价值的心智活动，能够引起阅读者的思考与表达。英国著名儿童文学家和儿童阅读推广者艾登·钱伯斯、日本图画书研究者及阅读推广者松居直都提及：在儿童阅读中，积极的阅读环境与有效的阅读交流是相伴相生的。家长在其中不是代替儿童阅读，也不是买了书随便聊聊就结束。为儿童打造积极的阅读环境，实现成人与儿童的共情才是家长在儿童阅读中最重要的事情。

那么,在阅读中如何做一名合格的家长,实现与儿童的阅读共情呢? 你不妨参考下面的意见:

第一,当你为孩子选书时,须得明白儿童每一次阅读都仰赖先前的阅读经验。不妨回忆一下,孩子之前读过什么,在和你聊天时是否对某一类型的书籍感兴趣。试着在他的阅读经验之上为他进一步挑选图书吧! 例如,孩子刚读完李白童年的故事,不妨为他挑选一些李白写的与童年生活相关的诗歌。

第二,当你吃过晚饭后拿起孩子读过的一本书阅读,也许你的孩子会走过来和你聊聊这本书的内容。孩子的主动邀请是亲子阅读开始的好兆头。所以选好书后,你不妨也读读孩子读的书,走进孩子的阅读世界。你的以身作则也许是打开儿童语言和阅读世界的一把钥匙。

第三,在交流中打造积极的阅读环境。和孩子一起读一本书,不要急着让他们一下子说出整个故事,试着鼓励他们说出第一眼看到的东西。不要老想着"你认为作者要表达什么内容""为什么狐狸要吃掉小鸡"的问题。你可以试着让孩子说说他读到的内容,不要急于点评,不要忙着大发高见。耐心倾听,积极回应。

永远不要在阅读中急于求得成果,希望孩子看完一本书后马上就能够写出好文章。你不妨和孩子一起多聊聊这本书,或者用图画、文字甚至录音的形式记录下你们的阅读交谈。先让孩子说说,这是最好的阅读表达。抛开那些功利之心,亲切地和孩子一起进入阅读世界,读懂你的孩子。

科普进一步 | **荐读**

艾登·钱伯斯(Aidan Chambers,1934.12.27—)是英国当代著名的儿童文学作家和阅读推广人。他在20世纪90年代出版的《打造儿童阅读环境》《告诉我:儿童、阅读和讨论》,结合他多年的儿童阅读推广工作经验,让广大教育者受益匪浅。这两本书是新手家长和教师在面临儿童阅读环境的打造和阅读进度推进中必备的指导书籍。

生活中可见这样一群人的身影：社区中帮助老人、医院里陪伴患者等，他们不是志愿者，他们是一种新的职业——社会工作者，或者简称"社工"。你了解过他们吗？大学里专门开设了社会工作专业，学社工=更高水准居委会大妈？学生毕业后从事该专业吗？

播出时间 | 2017年12月21日

主讲专家 | 重庆科技学院社会学博士/副教授　程鹏立

你认识社工吗？

大家好！欢迎来到"社科5分钟"。

我是重庆科技学院社会工作专业的教师，我叫程鹏立。今天我给大家一起分享的主题是"社会工作是什么？"。

"社会工作是什么？"或者说"社工是什么？"，当我们向社区居民询问这个问题时，得到的答案众多，但很多都是错的。令我印象深刻的是一个中年男人的答案，"社工就是社会上的工人"。我们知道社工当然不是社会上的工人。而为什么居民对社会工作的理解会有这么大的偏差，实际上是因为社会工作在我们中国还处于发展阶段，而民众对其的认识还不够。除了以上所举的例子，认为社工是政府机关人员、中小企业职员、志愿者也都是一些常见的误解。

关于社工是什么，简单地说，助人自助这个词就可以。社会工作简称社工，从事社会工作的人称为社会工作者。社会工作既是大学里开设的一个专业，也是社会上的一门职业。如果你想要了解更多，我还是给你讲讲关于社工的故事。

有一个人在地震中失去了家人，他是家中唯一的幸存者。房子没了，政府帮他建了；钱没了，社会给他捐款了。但他依然觉得活在内疚和痛苦中，为什么？他难以从地震失去亲人的痛苦中恢复过来，他也没有足够独自坚强生活的能力。为了缓解痛苦和麻痹自己，他把钱拿去赌博、酗酒，然后致贫，陷入更加糟糕的境遇。

我们知道一句古话"授人以鱼，不如授人以渔"，对于一个没有任何独自生活能力的人，你一次性给他一笔钱，这并不能从根本上解决问题，这笔钱花完了这个人依旧贫穷。

那么，社工在地震救灾中有怎样的作用？或者说有什么独特的价值？政府购买社工服务，社工介入，对受灾人员开展灾后情绪辅导，帮助其从痛苦中走出来；社工链接资源，帮助他找到工作，重新培养其独立生活的能力；社工帮助他重新组建家庭，以一个良好的状态把日子过下去，过得开心愉快。

如果说政府主要提供政策支持和社会救助，心理专家注重个人的心理健康，那么社工就是帮助有需要的个人、家庭、社区，整合社会资源，协调社会关系，预防和解决社会问题，恢复和发展社会功能，促进社会和谐的职业活动。

听完我带来的故事，您应该对社工有了相应的了解，他们经常会主动入户探访慰问老人，陪伴照顾孩子成长，助残疾人坚强应对生活，为弱势群体送去家人般的关爱，经常举办各种形式的活动丰富居民的日常生活。他们的工作虽然琐碎，但一件一件，都是为了帮助他人解决问题，让他人更好地生活的善举。

当帮助居民解决了一个个问题，社工自身也获得成长。"予人玫瑰"给他人带来了幸福，这种幸福也化为社工的力量，传递给更多需要帮助的人。而这群传递玫瑰的人，有一个共同的名字：社工！

科普进一步 | 荐读

想要进一步了解"社工"，我推荐三个途径：一是读北京大学社会学系王思斌教授主编的《社会工作概论》一书；二是搜索"肖彦漫画"，通过肖彦老师的漫画了解社会工作；三是了解"全国社会工作者职业水平考试"。

电影《无问西东》正在上映，这个名字来自清华大学校歌中的一句歌词，"立德立言，无问西东"。"立德立言"出自《左传》，也就是古人常讲的"立德""立功""立言"，"三立"的人生观对现代人的价值实现有怎样的启发？"社科5分钟"从热播电影《无问西东》到传统经典《左传》，有请康清莲教授为您解析。

播出时间｜2018年1月18日
主讲专家｜四川外国语大学中文系教师　康清莲

立德立言，无问西东

　　"立德""立功""立言"，出自《左传》，是儒家人生价值观的一个代表。"太上有立德，其次有立功，其次有立言，虽久不废，此之谓三不朽。"首先是"立德"，树立一种道德规范；第二是"立功"，建功立业；第三是"立言"，通过手里的笔把自己的思想传承下去。三立的人生观可以让人永垂不朽，在某一方面能够出类拔萃，独树标杆。

　　"太上有立德，其次有立功，其次有立言，虽久不废，此之谓三不朽。"提起《左传》，不少人可能会觉得这是很高大上，甚至是有点玄奥的古代经典，但如果我们说几个成语，比如"咫尺天涯""趾高气扬""正直无私""斩草除根""知难而退""一鼓作气""一见如故""欲盖弥彰""有备无患""言不由衷""先声夺人""相敬如宾""痛心疾首"，大家可能觉得耳熟能详，其实它们都来自《左传》，这样一讲，你可能会觉得《左传》离你并不遥远。中学课本中的《曹刿论战》《郑伯克段于鄢》也是出自《左传》，还有著名的戏剧《赵氏孤儿》，它的故事最早就是记录在《左传》里。

　　《左传》这本书相传是给孔子的《春秋》作的注，因为孔子的《春秋》是我国的第一部编年史，写得比较简单，它就是一部纲领性的史书，后来的人读不懂，于是就有三家给它作注，最有名的就是《春秋左氏传》《春秋公羊传》《春秋穀梁传》。《春秋左氏传》就简称《左传》，实际上它是一本独立的史学著作，也是一部编年体史书。《左传》特别长于描写战争，里面的名言警句是非常之多的，比如说"多行不义必自毙""辅车相依""唇亡齿寒"等。

中国人民大学文学院讲师《左传故事》的作者张毅这样说："要认识春秋时代就离不开《左传》。"《左传》能够被称为经典，是因为它涵盖的问题具有普遍性。《左传》的问题也就是春秋所面临的问题。春秋所面临的问题其实就是人类社会的问题。人的品行各不相同，有好人也有坏人，有对的事情也有错的事情。在各种情况之下，用什么样的标准来判断是非对错非常重要。《左传》就像电视剧一样，甚至比电视剧更为丰富，有非常有趣的故事，充满峰回路转的情节，包含多少大大小小的家族、国家，多少有地位的人、有修养的人、有权力的人。在这个很丰富、很广阔的时空里，《左传》向你展现他们的起起落落，让你判断，让你选择，帮你区分人世间生活中的众生相，这是《左传》一个非常明显的特点。在今天节目的最后，"社科5分钟"想给你一个建议，看完电影《无问西东》，不妨读一读《左传》，让自己的生活更有韵味。

科普进一步 | 荐读

杨伯峻先生是著名语言学家，他在语言文字领域的贡献主要体现在古汉语语法和虚词的研究方面以及古籍的整理和译注方面。他的《春秋左传注》《论语译注》《孟子译注》，注译得都非常不错，可以作为参考书。

2017年，广州性别教育中心公布的《中国大学在校和毕业生遭遇性骚扰状况调查》显示，在6592份有效问卷中，近七成（69.3%）受访者报告遭受过不同形式的性骚扰，其中女性遭受性骚扰的比例为75%，九成的性骚扰实施者为男性。在曾遭受性骚扰的人当中，46.6%的人选择了"沉默、忍耐"一项，报案率不足4%，而这近半数的沉默者中，55.4%的人表示，选择沉默是因为"报告了也没用"。所以，如何在制度层面建立一个有效的反性骚扰机制，这是北航陈小武事件为我们带来的法律思考。

播出时间 | 2018年1月12日

主讲专家 | 重庆志同律师事务所高级律师　张宗浩

反性骚扰需要制度突破

性骚扰是一个全球性的社会问题，反性骚扰是一个全球性的社会难题。但是，就在2018年的头几天，反性骚扰在中国取得了实质性的突破。

话说2018年新年第一天，原北航研究生罗茜茜在其个人微博上实名举报其研究生导师，北航研究生院常务副院长、长江学者陈小武性骚扰女学生。1月11日，北航做出处理决定，取消陈小武的教师资格、研究生导师资格，撤销其教师职务、研究生导师职务。1月14日，教育部决定撤销陈小武长江学者称号并追回已发奖金，教育部称，利用师生关系对学生实施性骚扰，严重违反教师职业道德和操守，违反高校教师师德禁行行为红七条，损害了教师队伍的形象和声誉，对学生健康成长造成了极大的伤害，产生了恶劣的社会影响。同日，罗茜茜在其个人微博发文称，正义终于到了！是的，正义来了，但正义刚来，并且还远远不够。

性骚扰，不仅是一个道德问题，或者主要不是一个道德问题，而是一个法律问题。反性骚扰法律不应当缺席。性骚扰本质上是一种侵犯他人人身权利，特别是人格尊严的违法行为，应当依法承担法律责任。以这次陈小武事件而言，应该说他对学生造成伤害应该承担的后果，在法律上还没有开始。如果陈小武在性骚扰过程当中，有肢体强制，如强搂强抱强吻的行为，就应该以《刑法》

237条"强制猥亵、侮辱罪",追究其刑事责任。如果没有,也要承担赔礼道歉、赔偿精神损害的民事法律责任。另外,学校如果在这个事件中也有过错,比如说学生多次举报,学校都没有及时处理,那么学校也应该承担相应的责任。

以这个事件从宏观上看反性骚扰的法律手段,我认为有立法和单位内部规章制度两个层面的问题。在立法层面,西方国家和中国香港地区、台湾地区的立法经验,值得我们借鉴。比如说中国香港地区就有《性别歧视条例》,台湾地区有《性骚扰防治法》以及《校园性侵害或性骚扰防治准则》《工作场所性骚扰申诉及承接准则》,这些法律从原则到操作,条分缕析,非常明确,可资借鉴。在单位内部规章制度方面,就应该将性骚扰行为列为严重违反用人单位规章制度的情形之一,把它作为用人单位可以解除劳动关系的情形之一。想想看,如果"性骚扰会被开除"成为一种共识,不仅对骚扰者会起到警示和震慑作用,对于被骚扰者而言,手中也会多了一个自卫的武器,一定程度上可以解除他们的后顾之忧,不失为一种反性骚扰的有效方法。

所以,应对性骚扰这个社会难题,仅靠道德舆论谴责、党政纪律处理,显然是不够的。而一味强调女性、学生在性与性别方面的脆弱性与受保护的角色,从长远来看,也不利于性骚扰的防治。依靠媒体提升公众意识,让性骚扰从一个隐秘的话题进入公共视野,只是打破沉默的第一步,真正要解决实际的问题,建立一个长效的反性骚扰机制显得尤为重要。显然我们离这一目标还有很大差距,需要全社会共同努力!据南京大学一校园媒体对全国"985"高校的专题排查,发现这39所全国顶尖学府中,有16所未将"性骚扰"列入师德管理考核条款,占总体的41%,其他学校和企事业单位的情况就可想而知了。那么,你所在单位的规章制度中,有关于反性骚扰的规定吗?你不妨找来看看,提出你的修改建议吧!

《史记》是我国第一部纪传体通史,被誉为"史家之绝唱,无韵之离骚"。司马迁为什么要创作《史记》? 他创作的宗旨是什么?

播出时间│2018年2月1日

主讲专家│四川外国语大学中文系教师　康清莲

司马迁为何创作《史记》?

大家好,我是重庆工商大学文学与新闻学院的老师康清莲。我在学校主要给本科生和研究生开设"《史记》研究"这门课程。《史记》是司马迁撰写的,是我国第一部纪传体的通史。

在《史记》问世之前,中国撰写历史的方式主要是采用"编年体""国别体"这种方式。所谓"编年体",就是按年代编写的历史,比如说孔子的《春秋》就是第一部编年体史书。而"国别体",就是按照不同的国家分别撰写的历史,比如说《国语》,比如说《战国策》。而"纪传体"这种方式是司马迁独创的,为什么叫"纪传体"呢?

因为司马迁用了五种体例,"本纪""世家""列传""表""书"。比较重要的十二本纪、七十列传,他就分别在里面取了一个字,十二本纪的"纪",七十列传的"传",所以就称为"纪传体"。不管是前面的"编年体"还是"国别体",都是以事件为中心。而"纪传体"是以人物为中心,就是把人物的撰写来作为历史书写的中心。司马迁的《史记》是一部通史,也就是说从传说中的黄帝开始写起,一直写到他所生活的汉武帝时期。司马迁撰写《史记》这本书的出发点是什么呢?

司马迁写这部史书的目的,用他自己的话来概括,就是"究天人之际,通古今之变,成一家之言"。

所谓的"究天人之际","究"就是研究、探究;"天人之际"就是天与人之间的关系,也就是他要通过这么一部史书来探究天和人是个什么样的关系。相当于是从哲学的层面来研究历史。天与人是什么样的关系呢? 哲学家都要回答这个问题。在我们中国比较有代表性的有"天人相分",代表人物是荀子。

"天人感应"，代表人物是董仲舒。还有就是"天人合一"，道家思想里面有"天人合一"的思想，但是后来正式提出"天人合一"思想的是宋代的张载。

司马迁想通过《史记》来把这个问题理清楚，天与人是个什么样的关系。所以说在他那部史书里面，比如说他的《伯夷列传》给读者留下的印象，就是这是一部具有唯物主义思想的一篇文章。因为司马迁在《伯夷列传》里面，大胆地质疑了所谓的天道究竟是有还是没有，究竟是公正还是不公正这个问题。这是他的第一句话。

第二句话是"通古今之变"，就是要通过撰写这么几千年的历史，看一看古今历史变化、兴衰存亡的规律在哪里。将近三千年的时间建立了很多很多的王朝，也灭了很多很多的王朝，这个王朝为什么会这个时候产生？为什么它会兴旺？又为什么会走向灭亡？这里面有没有一个规律可以找寻？所以，司马迁想通过《史记》来回答这个问题，这是从历史的层面来研究。

最后一句话"成一家之言"。"成一家之言"，就是说司马迁觉得他的《史记》并不是一部放之四海而皆准的真理，而是通过历史这么一个平台来发表自己对于政治、经济、军事、文化、少数民族方方面面问题的看法。所以，也有人说《史记》是一部百科全书。

《史记》自从问世以后，对它的好评是很多的。比如说，宋代有一个人叫郑樵，他怎么评价《史记》呢？他说《史记》，"使百代而下，史官不能易其法，学者不能舍其书，《六经》之后，惟有此作"。自《史记》问世，千秋万代以来，凡是史官不能易其法，这个"易"就是改变。凡是撰写历史都是沿袭的司马迁创立的那种纪传体的方式，比如我们后来的"十七史""二十二史""二十四史"都是遵循的这个体例写下去的。

科普进一步 荐读

司马迁创作《史记》的目的还是很宏阔的，从哲学、历史、思想的层面来研究中国历史，《史记》在中国文化史上，也具有承前启后的作用，因此，可以给读者诸多启迪。大家可以选择中华书局的《史记》三家注本、韩兆琦《史记笺证》，也可以选一套古籍出版社出版的水平高的有翻译注释的本子，这样阅读起来相对要容易一些。

一件小小的化妆盒，历经千年却鲜艳如初，其中藏着什么样的秘密呢？"我们身边的传统文化"系列节目，讲述文物故事，触摸传统文化。5分钟，了解一件古物珍宝的前世今生。

播出时间｜2018年2月1日

主讲专家｜重庆大学人文社会科学高等研究院讲师　吴　娇

彩绘出行图夹苎胎漆奁

大家好！我是重庆大学古代文学教师吴娇。今天给大家带来的文物叫作"彩绘出行图夹苎胎漆奁"，1987年出土于湖北荆门的包山二号楚墓，今藏湖北省博物馆，是一件战国时期的圆柱形化妆盒，直径28厘米，通高10.8厘米，周长87.9厘米。这件文物的名字有点长，给大家逐字地解释一下。

彩绘，即是说这件文物周身绘有彩色的图画，由于战国时期使用的是矿物颜料，跟最近大火的《千里江山图》所用颜料是一类，和后来的植物或化学颜料不同，从矿物中提取的颜色可以保持千年不褪，使得身为后人的我们得以有幸一睹它原本艳丽的色彩。

出行图，指的是化妆盒的侧面绘制了一整圈漆画，有点像咱们现在用的卷尺，展开来是世界上现存篇幅最大的一幅漆画，画面表现的是贵族乘车马出行的内容。这幅小长卷以五棵柳树为分界，画面依次分为宾客对话、迎送、出行等场景，还搭配了猪、狗、飞鸟等穿插其中。别看画风在现在看起来有些呆萌，但是作者对于叙事构图的安排，以及在表现并行马匹时所展现出的透视意识，都是令人赞叹的。

夹苎胎漆奁，从后往前看，奁是化妆盒，漆是漆器——漆器是先秦两汉时期人们制造日常生活用品的常用载体，其最大特点是防水，就跟咱们现在随处可见的塑料制品一样。不过呢，今天的这件主角，其制造工艺又要高超一些了，叫作"夹苎胎"。"苎胎"是用天然苎麻编织成器物的原型，作为"胎"，再在胎身外面涂抹生漆。在今天的浙江省天台县，还传承着一项入选了国家级非物质遗产保护名录的手工技艺，就叫作"干漆夹苎"，其制作工艺与这件"彩绘出行图夹苎胎漆奁"可以说是一脉相承的。这项手艺，因其制作出的物品具有保存持久、不易腐烂、轻巧便携的特点，在唐代被广泛运用于佛教造像，北京故宫大殿中的彩绘立柱，也是用的干漆夹苎的工艺制造的。

值得一提的是，我们现在能在博物馆里看到的战国时期的艺术品，包括青铜器、帛画和漆器等，许多都是出土于楚国的大墓，楚国人的生产水平和艺术创作力在战国时期是全国甚至世界领先的。而在楚国人创造出的绘画艺术品中，不仅有如今天介绍的这个彩绘出行图一般反映现实生活的，也有表达他们对于死后世界的想象的。下一期，我便与您分享传说为招魂而画的楚地文物《龙凤人物帛画》。

科普进一步 | 荐读

漆器自古是中国人喜爱的器皿，虽然在今天的日常生活中少有见到，但还是有不少人喜它、研究它、使用它。美食家戴爱群撰有《左持螯右持杯——蟹馔与漆艺的对话》一书，《中华读书报》还曾于2018年11月14日刊登《美食与漆器》一文，都对漆器做了有趣生动的介绍。

买划算的，而不是买需要的，这是非理性消费的典型特征。甚至，衣服买回来了，几年都没有开封，翻衣柜时被找出来了，结果穿不了，因为自己的腰身也和购物欲望一样地膨胀了。

播出时间｜2018年2月8日

主讲专家｜重庆科技学院工商管理学院教授　胡伟清

女人的衣柜为什么总是少一件衣服？

　　假定你家里的床是一张1.5米宽的老式双人床，现在你在商店看到被子正在打折。有三种尺寸的被子，一是超大码豪华双人被，适合2米及以上宽的床，二是豪华双人被，适合1.8米宽的床，三是普通双人被，适合1.5米宽的床。三种被子原价分别是1200元、1000元、800元，现在全部卖500元，"卖完为止"。请问，你会买哪一款呢？

　　调查结果显示，大多数人会购买超大码豪华双人被，你是不是也是这样呢？

　　因为你会觉得，买这款双人被最"划算"：第一是因为降价最多，第二是因为这是被子，宽点无所谓，而且，你还会说，宽点总比窄点好，哪怕从床的两边掉下来，拖到地上。

　　所以，我们购买的，很多时候其实不是我们最需要的商品，而是我们认为最"划算"的商品。

　　特别是各种"数字节"的时候，一看到价格打折，难免就开始动心动手。

　　有意思的是，人们购物的原始意图，是因为需要。刚才说的是被子，如果是鞋子，估计你不会因为45码的鞋子降价更多而买的，因为你本来只穿42码的鞋子。再比如说，家里没有大米了，就需要去买大米。买米的时候，当然我们也要考虑是否划算的问题，但主要还是是否需要的问题。

　　说到是否需要，当然就与条件有关。越是需要的东西，效用才越大。比如说，你在沙漠里行走，太阳又毒辣，口渴得不行，这时，一瓶水的效用就老大了，假定一瓶矿泉水标价10元，你也会买的。而在家里，你肯定不会花10元去买一瓶矿泉水的。当然,停水的时候,你会去买,但也不是10元这个价格。

我记得有一个很古老的故事,是这样说的:两个人逃难,张三背了一袋银圆,李四背了一袋米。当然一袋银圆比一袋米的价值高多了,可见张三是有钱人。但逃难到了一个前不着村后不挨店的地方,李四拿出米来吃,虽然没有办法煮成熟饭,但毕竟可以充饥。张三的银圆,就没办法吃啊,就是煮了也没办法吃的。张三实在饿得不行了,就拿银圆买米。李四呢,刚开始的时候,还是按照市场价卖给张三的,到了后来,大米越来越少,即便张三愿意拿同样重量的银圆换同样重要的大米,李四也不干了。最后,李四干脆就不换米给张三了。

这个故事,生动地说明了物品的效用,是因人、因时、因地而变化的。

但随着人们收入水平的提高,购物已经开始偏离需求了。不信你清点一下家中的物品,有多少是一年使用了10次以上的? 但人们"贪便宜"的心理,以及占有欲望,却是与生俱来的,甚至可以说是自有人类以来就有的,因为根据进化心理学的观点,我们的远古祖先只有通过不断占有才能生存,所谓"家中有粮,心中不慌",这种贪婪和占有的意识,已经进入我们的基因了。

于是,购物时会下意识地考虑是否划算的问题。而划算呢,是与你的一个"参考价格"进行对比的。人们购买物品或劳务的实际价格与"参考价格"的差距,行为经济学家称之为"交易效用",也就是你认为"值"的地方。

这个"参考价格",既可能是该商品原来的价格,比如原来卖200元,现在卖100元,你就觉得划算;也可能是你对这个商品未来的预期价格,比如你觉得房子、车子、股票的价格要涨,你就觉得按照现在的价格买就划算;还可能是与其他商品比较的价格,比如你原来一直认为皮大衣比呢子大衣贵,现在你发现某商店卖的皮大衣反而比呢子大衣便宜,你也会买。

于是,商家定价,就充分地利用了这些规律。比如说,你会看到被子尺寸不同而标价不同,但很难见到鞋子大小不同、衣服大小不同而标价不同,除非像姚明那样需要定制。如果纯粹从成本的角度来考虑,那肯定做一双45码的皮鞋所用的牛皮,比做一双40码的皮鞋多啊;做一件1.8米高的人穿的衣服的布料,比做一件1.6米高的人穿的多啊。

至于打折啊,哄抬物价啊,买一送一啊,等等,就更是大家耳熟能详的了。

特别是现在,网络购物非常方便,你躺在家里的床上,打开购物App,搜索你需要购买的东西,然后从众多商品中挑选,手指一摁,短则当天,长则几天,货物就送到你手里了。

但与此同时,由于我们常常购买的是"划算"而并不一定需要的东西,加之把票子数出去的感觉,与用卡花钱的感觉,是大不一样的,因此,我们买东西的时候,常常是欠理性的。于是,我们的衣柜里,会有不少衣服,也许很少穿过,甚至买回来后几年了,还没有开封;我们的冰箱里,要定期清理过期的食品;我们的书架上,有不少只翻过前言后记的书;我们的车后备厢里,有不少连你自己也记不得是什么时候买的东西……

科普进一步 | 荐读

交易效用,是2017年诺贝尔经济学奖获得者、行为经济学家理查德·泰勒提出来的,我们不妨用你对某物品的"参考价格"(或者说你的"心理价位")减去实际交易价格来衡量,大于0你就觉得"划算"。一瓶矿泉水,在五星级饭店标价10元你觉得不贵,在杂货店标价5元你觉得很贵。商家请明星代言,就是为了抬高你的"心理价位":哇,某明星穿的牌子,才2000元! 其实成本不到200元!!

多了解一点行为经济学,对我们很有用。推荐阅读理查德·泰勒的《"错误"的行为》。

过年要不要回家？近年来成了很多人的一种心结。一边是过年团聚和亲情的吸引，一边是长辈过分关心带来的心理压力。这种心结和我们的社会结构有关，让我们一起走进费孝通的名著《乡土中国》，了解中国传统的社会结构。

播出时间 | 2018年2月14日

主讲专家 | 重庆科技学院社会学博士/副教授　程鹏立

回家，回到《乡土中国》

今天是腊月二十九，明天就是大年三十了。你回家了吗？有的人已经在家里了，有的人正在路上往回赶，还有的人决定今年不回家过年了，也许还有人正在纠结。

大家好！欢迎来到"社科5分钟"，我是社会学博士程鹏立。在这个特殊的日子，我们一起来聊聊过年回家这个话题。

最近几年，关于过年要不要回家，这个话题引起了广泛的社会讨论。什么时候开始，过年回家这件令人兴奋的事情变成了一些人的压力呢？我想，很多人怕回家，主要是担心被问起一些令人尴尬的问题。比如，你今年多大了啊？结婚了没？在哪里工作？收入多少？为什么总有那么亲戚朋友问这些？为什么你又觉得尴尬？我想，主要是你觉得这些对你来说，都是一些隐私的问题。等一下！生活在乡土社会的乡亲们却不这么认为。为什么呢？因为中国的乡土社会总体来说是一个"熟人社会"，在这个社会里，彼此之间都很熟悉，没有秘密。乡亲们觉得，问你这些问题，是关心你，是熟人之间的相处模式。他们没有意识到，你更多时候是生活在城市这个陌生人的社会，你已经习惯了陌生人之间的冷漠，习惯了陌生人之间相处的模式，习惯了把你的个人问题隐藏起来。这不，看上去是个人的问题，实际上是一个社会问题。

既然有尴尬，觉得难为情，那就不回去？也不行。为什么？在中国，过年回家，不仅是回到家庭，也是一种回乡。回到家乡，家乡的乡土社会是我们的根,我们离不开这片土。每年一次的过年回家,实际上也是一次寻找心灵归宿的历程。过去,游子远游出门前,母亲总要给他包上一包土带着。到了异乡,水土不服,想家的时候,可以把从家乡带来的泥土煮一点汤吃就好了。走得再远,都不要忘了家,不要忘了家乡。

如果有家,有家乡。还是回去吧,那里不仅有亲人,还有从小一起长大的小伙伴,还有从小看你长大的大爷大妈。随着社会变迁,家乡在变化,很多农村变成了城市。很多家乡的熟人,变成了陌生人。也许过不了多少年,我们再也回不去了。到那时候,你也许会觉得,曾经的乡情、亲情,又去哪里了呢?落叶归根,根在哪里呢?家在,家乡在,根就在。也许随着观念的改变,没有那么多人问你这么多问题,也许这只是你自己心里的坎。回到家乡,即使被问起这些问题,坦然回答,又能怎样呢?

关于乡土社会、熟人社会等这些,著名社会学家费孝通的代表作《乡土中国》写得非常透、非常好。推荐大家读读这本书,能够帮助我们理解乡土社会,理解我们的过去,也就能帮我们更好地认识未来。读了这本书,对于过年要不要回家,也许你会有不同的想法,不同的收获。今后有时间,我们再从大众的视角仔细解读这本经典著作。

科普进一步 | 荐读

费孝通的代表作,除了《乡土中国》,还有《江村经济》等。如果你想全面了解他的学术思想,还可以去读《费孝通全集》(全二十册)。他的名言包括"各美其美,美人之美,美美与共,天下大同"。

一个人的职业生涯,大约40年,是我们人生最长的一个阶段。因此,职业成长,就成为我们必须关注和重视的大事。

播出时间|2018年2月22日

主讲专家|重庆科技学院工商管理学院教授　胡伟清

职业发展六件事

由于现在员工跳槽频繁,据调查,在一个单位的工作时间,平均约为4年,因此,公司已经不太关心员工的职业发展了。20世纪90年代,"个人发展"还是公司的主要职责,但现在,职业发展,也进入了"DIY时代"。

那我们自己该如何做呢? 建议做好以下六件事:

一、自我评估。问自己几个问题,比如:在你现在的岗位上,成功意味着什么? 工作目标是什么? 成功如何衡量? 有哪些KPI(Key Performance Indicators,关键绩效指标)? 也就是要确保自己走在正确的轨道上。

最好向同事和上司请教,如果有机会请教老板就更好。如果不行,就自己不断地思考。

二、消除盲点。凡是职业发展不错的人,都是不断学习和改进的。每个人都有盲点,也就是自己看不到的,自己的优点和缺点,因此,多听取老板、同僚和下属的意见。

人无完人,不是说消除自己所有的缺点,而且,人是很难改变自己的。因此,我更建议"扬长避短",而不是"取长补短",即,把自己的优点发挥到极致。但可惜的是,很多人一辈子也不知道自己的优势在哪里。

三、能力编码。列出你现在岗位所需的5~10项技能,然后对其重要性进行排序,比如分为A、B、C三类,再对自己的能力进行评估,也分为A、B、C三类。找出差距最大的,并努力尽快缩小差距。比如说,你现在的岗位最需要的写作能力,而你的写作能力最差,那就要提高写作能力。

同样地，如果你确实提升不了自己的写作能力，那就换个方式思考：我找一份不需要很强写作能力的工作，比如我善于与人打交道，那我做销售如何？

四、提高曝光度。"既要埋头苦干，又要领导看到"，提高曝光度，引起领导关注，是职业发展必需的一点。多做些义务性的工作，比如当志愿者，参加慈善活动，关心公司大事，等等。因为这些事情，没有报酬，很多人不会去做，但领导者会关注，因为这涉及企业的名声和社会责任。这些简单的事，很容易被人忽视。

五、成为专家。我一直认为，专业技能，是立身之本。因此，成为某一领域的专家，非常重要。特别是一些新生事物，比如物联网、人工智能、云计算等。因为这些事情对很多公司的发展都有影响，领导说不定哪天就需要用人，那时候，机会就留给有准备的你了。

六、拜师学艺。良师益友，是一生最大的财富之一。"与君一席话，胜读十年书"，如果有高人指点，职业发展就会提速。你先要了解单位有哪些高人，在互联网时代，这很容易做到，在公司的内部网络上，员工的信息是可以查到的。找到了高人，当然也不能冒昧地跑去问："你愿意指导我吗？"那会把人吓跑的。要慢慢来。非正式场合是结交人的重要场所，比如单位的午餐时间、外出活动、健身房锻炼，都是结交高人的好机会。第一次一定要问别人最擅长的领域的问题，过一段时间，请人家喝喝茶，关系就慢慢建立起来了。

最后要说的一点是：不要频繁跳槽，也不要频繁地更换工作岗位，这样不利于培养和提高自己的职业技能，要有耐心。职业就是一场长跑，如果你不断地换跑道，不断地换地方，那怎么能够获得比赛的成绩呢？

科普进一步 | 荐读

职业生涯管理，既是科学，更是艺术，但仍然有许多共同的规律。人不能总靠运气，我常说的是，"靠运气能赢得一时，靠能力才能赢得一世"。

建议多读读《哈佛商业评论》上的一些文章，对我们的职业成长，会有所帮助。当然，知道了是一回事，落实到行动才是更重要的。

给孩子买书,是不是要像"双十一"那样非理智"剁手"?或者像买菜那样,简单挑一下就搞定?童书是特殊的营养品,选错了轻则无效,重则影响孩子的价值观。在选书的道路上是否有什么套路,能给新手父母什么经验呢?

播出时间 | 2018年3月1日

主讲专家 | 重庆第二师范学院学前教育学院教师 江 雪

开学四招,教你搞定为孩子选书那些事

大家好!我是江雪。新学期即将开始了,春光也款款而来。"春与清溪长""深柳读书堂",春日便是读书天。可有的家长却发愁了,读书的好日子该为孩子选什么书来读呢?别担心,江老师教你四招搞定为孩子选书的那些事。

第一招,知己知彼。

要为孩子选书,首先得了解一下自家孩子是什么情况,有什么需求。你家刚上小学一年级的孩子,一定不能照搬别人家六年级孩子买的书。你家喜欢幻想、爱看搞笑漫画的孩子,可能面对你给他/她买的一大堆《钢铁是怎样炼成的》《骆驼祥子》时就会兴致缺缺。了解孩子的需求和喜好,是为孩子买书的第一步。当然,也不能完全只满足孩子当下的需求。家长应该尝试着从买书开始引导孩子去建立自己的知识体系,通过阅读计划实现个人阅读能力的发展。例如,学前期的孩子乐于看图画书,到了小学阶段还只爱看图画书。这个时候家长就应该引导孩子阅读文字型图书,助力孩子发展语言文字的阅读和表达能力。我为这一阶段的孩子推荐的是王宜振、蒲华清两位老师主编的《果园雨》系列儿歌作品集。

第二招,拿来主义。

借用鲁迅先生的"拿来主义",家长们在为孩子们买书的时候也要秉持着这种精神。从哪里拿来?经典作品、童书书单、各大儿童文学奖项都该是家长们"拿来"的对象。

经典作品自不用说。卡尔维诺说过，经典就是那些我们读了又读的书。经典是经得起时间检验的。但家长们"拿来"经典时须注意孩子能不能读懂，是否适合孩子们阅读。小学三四年级的小朋友，读一读《我的妈妈是精灵》就很好，但这个阶段就不推荐《麦田的守望者》。小学五六年级的孩子，读《王子与贫儿》是极有益的，但《大卫·科波菲尔》就需要再考虑一下。

各种童书书单也应当成为家长们实施"拿来主义"的对象。大部分童书书单的推荐者都是专家学者、一线教师、阅读推广人。他们在理论研究与实践指导下根据个人意见拟定的书单具有强大的权威性和可参考性。北京师范大学中国图画书创作研究中心每年联合国家图书馆少儿馆发布中国十大原创图画书书单，清华大学附属小学每年也会为小学各阶段推荐阅读书目，微信公众号"爱心树童书"也会分享许多国际最新的少儿图书信息。我为家长推荐的书单来源还有豆瓣读书、微信公众号中国红领巾、小花生网，以及各大少儿出版社的公众号。

各种儿童文学大奖的获奖作品也推荐家长们"拿来"。国际安徒生奖、英国卡内基奖章和凯特·格林纳威奖、美国纽伯瑞奖、中国全国优秀儿童文学奖和陈伯吹国际儿童文学奖等都是儿童文学行业内权威又重要的奖项。获这些奖项的作品，买书的时候也应当是重要的考虑对象哟！

第三招，按图索骥。

家长为孩子买书中，按图索骥不失为一个好招数。根据孩子之前的阅读经历，来为孩子搜索相关的阅读读物。例如，孩子看过鲁迅的《朝花夕拾》，那么不妨为孩子买一些鲁迅回忆童年的散文，有助于孩子全面理解那个时代的童年。《朝花夕拾》中提到了《山海经》，不妨给孩子买本《山海经》的通俗故事来读一读。这种按图索骥的相关性阅读能够帮助孩子深入理解读过的书，还能拓展孩子的阅读视野。按图索骥之下，还有主题阅读、作家阅读。同一个主题的图书，例如都是关于冒险的《爱丽丝漫游奇境记》和《绿野仙踪》可以放在一起读。作家阅读则可以一段时间内为孩子挑选同一个作家的不同作品进行阅读，让孩子在作品中感受文学的个人风格。

第四招，挑三拣四。

为孩子买书一定要"挑三拣四""斤斤计较"。别看见展台上一本别人推荐的名著就赶紧买下。家长们,请你看一看图书的文字大小,是否注音(刚学拼音的孩子可以购买注音读物),出版信息。挑选图书时,尤其要注意出版社的信息。许多公版图书由于版权开放,很多出版社都会出版该书。一般而言,专业的少儿出版社出版的图书,以及知名度较高的出版社出版的童书在印刷效果、编校质量、排版、纸张方面都会相对好一些。如果是外国的图书,要注意翻译的问题,不少经典的作品业内有权威的翻译者,例如叶君健老师翻译的《安徒生童话》是直接从丹麦语翻译的。

最后,希望这四招能在替孩子挑选图书时助您一臂之力,在这个春日和孩子一起越读越快乐。我会在"社科五分钟"陪伴大家在亲子阅读中收获快乐。

科普进一步 | 荐读

提起童话,很多人会想起安徒生。可你是否知道,儿童文学的最高奖项,就是"国际安徒生奖"(Hans Christian Andersen Award)。2016年,写出《草房子》等著作的曹文轩成为第一个获得该奖的中国作家。"国际安徒生奖"被誉为"儿童文学的诺贝尔奖"。它于1956年设立,由丹麦女王玛格丽特二世赞助,每两年评选一次,专门颁给作家。它有一个特别的规定:一生只能得一次。

在那遥远的年代里,两片绢帛,几笔勾画,承载着人们对于彼岸世界无限的想象。"我们身边的传统文化"系列,讲述文物故事,触摸传统文化。五分钟,了解一件古物珍宝的前世今生。

播出时间|2018年3月8日

主讲专家|重庆大学人文社会科学高等研究院讲师 吴 娇

人物龙凤帛画与人物御龙帛画

大家好,我是重庆大学古代文学教师吴娇,很高兴又与大家见面了。上期为大家介绍了绘制在小小化妆盒上的车马出行图,展示的是战国时期人们生活的场景,这一次我们还是讲战国,不过,今天带大家欣赏的这两幅图画,诉说的不是尘世的生活,而是古人对于彼岸世界的想象。

这两幅图画,绘制在蚕丝织成的绢帛上,属于帛画,因其画面主要内容分别为女子、龙、凤和男子、龙、车等,通常被研究者称作人物龙凤帛画和人物御龙帛画,均出土于湖南长沙,虽然不是出自同一个墓穴,但它们彼此的相似度非常高,所以现在被一起收藏于湖南省博物馆中,还同属于中华人民共和国首批禁止出境展示的64件文物之一。它们为什么如此珍贵?让我们从登录了《国家宝藏》的马王堆一号汉墓T形帛画说起。

马王堆汉墓的这幅T形帛画,出土时覆盖在墓主辛追的棺椁之上,可看出是丧葬仪式中使用的铭旌,用以标明死者的身份,引导亡灵升天。在两米长的丝帛上,制作者以浓丽的色彩描绘了冥府、天界以及亡灵飞升的情景。人物龙凤与御龙帛画,与辛追墓帛画在形制和内容上都几乎如出一辙,只是画面内容和绘制笔法更加古朴、单纯一些,只用墨色单线勾勒。然而它们的制作时间可要比辛追墓帛画早了一百多年,并且是目前为止,我国发现的唯一的两幅战国丧葬帛画,它们的重要性不言而喻。可惜的是,由于出土时墓葬已经被严重盗掘和破坏,如今我们已经没有办法得知它们随墓主人入葬时的状态了,更难以确定它们在丧葬礼仪中的功能和作用,只能从画面本身的内容和他们与辛追墓帛画的相似度来推断它们的意义。大家不妨也根据画面内容来猜一猜,千年前的画者到底对于幽冥世界怀着怎样的想象。

人物龙凤帛画,画面下方描绘了一位梳着发髻、宽袖长衣的女子,腰部非常纤细,显示出楚国人特有的审美倾向。女子双手合掌,虚空托举一只腾空而起的凤鸟,凤鸟的形象与雄孔雀一致,画面左侧还有一条往上飞升的小龙。人物御龙帛画,画面中央是一位头戴高冠、身佩长剑的男子,站在一条盘旋的龙身上,手持缰绳,头顶上方是一顶悬空的车盖,龙尾站立着一只仙鹤,龙爪旁还有一条游鱼。了解了这些,大家对于这两幅重量级国宝所要表达的意义,是否有了自己的答案呢?

这两幅帛画的笔触在今天看来或许有些生涩,但它们已经显示出了中国画最基本的两项特征,那就是线条性与平面性,画中的人物、动物由线条构成,而不是像油画那样的色块,同时呈现的是扁平的视角,也不是像古希腊雕塑那样追求肌肉骨骼的立体感。这两大特色,是传统中国画一以贯之的,不仅在帛画上是这样,在汉代的画像砖石上亦然。下一期,我便为大家介绍中国最早的史记连环画——山东嘉祥武梁祠画像石。

科普进一步 | 荐读

在中国,保存最完整、制作最精美的一幅铭旌帛画,当属长沙马王堆1号汉墓出土的T形帛画,要想进一步了解它,可收看文博探索节目《国家宝藏》第一季第六期,其中对于这幅精妙绝伦的艺术品做了生动详细的介绍。

曾几何时,中国的孩子和家长们踏上了疯狂补课的"不归路",回头一望,一摞摞资料,一叠叠心酸与繁忙。是辜负了童年欢乐时光,还是社会太疯狂。"社科5分钟",带您探寻补课背后的真相。

播出时间 | 2018年3月8日

主讲专家 | 重庆交通大学经管学院经济学教授 韩正清

补课,个人理性的背后是什么?

　　大家好,我是经济学教师韩正清,又到"社科5分钟"的播出时间了。首先在这里祝大家新春快乐,狗年吉祥! 春节即将结束了,好多人已经上班了吧? 不过也许你家的孩子还没有返校呢。在这个寒假里,不知你安排你的孩子补课没有? 据我所知,我周边的同事、朋友的孩子在假期基本上都安排有补课。开学之后还有周末班。特别是面临小升初、中考和高考的学生更是如此。我家孩子也不例外,报了新东方的两门一对一课程。孩子累,家长也跟着累。那为什么家长都热衷于给孩子补课呢? 我们从经济学角度如何解读呢?

　　我先说说我自己的补课经历吧。我记得上小学的时候,几个同学有时候晚上打着火把跑到老师家里补课,在昏暗的灯光下学习。那时的农村经常停电,就点煤油灯学习。不过那时候老师给我们补课都是不收费的,学生也是自愿的。再后来,到了初三和高三,学校都会安排补课,也是不收费的。自从市场经济的大门打开以后,老师课外补课也慢慢地市场化了。我的高中数学老师当年教我们的时候经常把学生叫到他家里,开小灶,当然是免费的。二十多年过去了,同样的老师,现在也在家里给学生补课,不过是收费的。为什么同样的老师,同样的行为,原来不收费,现在收费了呢? 还有现在的课外专业辅导机构林林总总,补课市场异常庞大。补习的广告、电话铺天盖地。

　　课外补习是校外教育的重要形式。一般来说,在短期内,各类教育资源是一定的,也是稀缺的,教育机会也是一定的,升学名额在某一年份也是一定的。

清华北大在我们重庆每年招生不过就200多人。抢夺有限的优质教育资源，争取更好的教育机会，上一所更好的学校，就成为家长和学生们选择补习的根本动因。所以从家长和学生角度看，花钱补课是理性的个人行为。市场是配置资源的基础，价格是资源配置的核心。对于公办教育资源，由政府调控配置，校外补习资源则是完全市场配置，当然，政府也有相应的监管职责。所以，家长为了让自己的孩子成绩更好一点，愿意花钱在课外补习。这也符合供给和需求定律。需求方就是学生及家长，供给方就是课外补习机构和补课老师。从经济学弹性原理讲，学校教育可以看作必需品，弹性比较小，就像我们吃的盐巴的一样。而课外机构教育则是富有弹性的教育商品。你可以选择补习，也可以选择不补习，你可以选择A教育机构，也可以选择B教育机构，你可以选择大班，也可以选择小班，甚至一对一。因此，课外补习市场的竞争是十分激励的。刚才我们是站在学生和家长角度看，现在我们换一个角度，从社会整体，课外补习又是怎样的呢？从社会整体看，如果校外补课教育只是改变了教育机会的分配情况，那么竞相补习则是社会资源的一种浪费。为什么这么说呢？因为补习教育会耗费大量的人力、物力和时间，也在一定程度上让正规教育资源没有充分利用，影响教育效率，同时在家庭经济条件不同的学生之间会造成教育机会分配的不公平，并造成学生课业负担过重，影响身心发展。媒体时不时报道出高三学生因学习压力过大而自杀的新闻。

下面我们再来讨论另一个问题。为什么原来的老师补课不收费呢？那是因为在那个计划经济时代，老师和学生在补课这件事上不是市场行为，老师给学生补课是课堂教学的延续，而不是老师提供有偿补课服务。当市场经济扩大到教育领域后，老师和学生之间的补课行为就被市场化了。听说甚至有老师课堂里不把知识讲到位，直接暗示学生或老师之间相互推荐让学生课后找老师补课。虽然教育主管部门加强了监管，但难以杜绝。这时候传统的师生关系完全变味了。这是教育的悲哀。

总结起来，从家庭和学生角度看，为了获取更好的教育机会，课外补习是理性选择，而对整个社会来说，竞相补习导致了整体社会福利的降低，个人理性与集体理性不一致。缩小基础教育阶段学校在教育资源配置方面的差距，提高教育质量的均衡性，是减少课外补习，促进社会整体教育公平与提高社会整体教育效率的根本之策。

科普进一步 | 荐读

　　教育是一种公共产品。个体补课行为是利己的理性行为,但是叠加起来过度补课的"群体"行为把教育边界拓展到孩子家长难以承受的地步,损害了教育的公共产品属性。相关知识请参阅哈丁(Hardin)在《科学》杂志上发表的《公地的悲剧》一文。

《史记》是我国的第一部纪传体通史，被誉为"史家之绝唱，无韵之离骚"。作为普通读者应该怎么读？康清莲老师给我们指出了一条简单的路径。

播出时间｜2018年3月15日
主讲专家｜四川外国语大学中文系教师　康清莲

不会古文，《史记》怎么读？

大家好，我是康清莲。"史官不能易其法，学者不能舍其书"，就是说《史记》这本书写得太好了，凡是读书人都不会不读《史记》，《史记》应该是一部必读的书。"六经之后，唯有此作"，因为我们中国占统治思想的一直是儒家的思想，所以，儒家的六经《诗》《书》《礼》《易》《乐》《春秋》，是古代读书人的必读书目。除了这六部书以外，《史记》就应该算是独树一帜的，非常重要的一部书，这是郑樵给的评价。

当然对《史记》评价影响最大的还是鲁迅说的那两句话，"史家之绝唱，无韵之离骚"。鲁迅这两句话特别容易记忆，而且评价得也非常准确到位，因为他是从两个视角来评价的。

"史家之绝唱"，是从历史的角度，说《史记》这本书是一部千古绝唱。什么叫绝唱？前无古人后无来者，就叫绝唱。"史家之绝唱"，这是从历史的角度来评价《史记》。

"无韵之离骚"是从文学的角度来评价。"离骚"是屈原创作的一篇最长的政治抒情诗。它是押韵的，是充满了抒情色彩的，是激情荡漾的这么一部作品。《史记》属于叙事文学，它不需要押韵，但是它里面的那种强烈的抒情性也像一部伟大的诗篇，所以，鲁迅就给了它这样的评价。

中国《史记》研究协会的会长张大可先生说，《史记》是一部国学的根柢书。"根"是树的须根；而"柢"就是主根，意思就是说，《史记》这本书是为国学打基础的，是属于主干部分的那么一部书，因为它在方方面面，比如说"为后王立法",给我们树立了一种人伦的典范,比如说他的那种理想的官员是个什么样子,理想的君王是个什么样子,等等,方方面面都有一个发凡起例的作用,所以他给了它这么高的评价。

《史记》既然获得如此高的评价,那么在空闲的时候读一读也在情理之中,但不少人可能会说,《史记》是用古文写的,看起来是不是有点费力,没有古文功底的读者从哪些章节读起会更好呢?

相对而言,《史记》在文言文里面不算难的,因为它是司马迁用当时的白话文写的,不算太深奥。但是毕竟相隔两千多年的时间了,如果没有注释没有翻译,一般的读者可能读起来还是比较困难的。但是若要看注释、看翻译,看什么版本比较好? 我觉得可以看中华书局的三家注本子。北师大的韩兆琦先生的《史记笺证》就比较好,是江西人民出版社出版的,它里面有注释、翻译,有一些资料的补充,我觉得这样读起来就比较容易一些。那么作为一个普通的读者,我觉得在看这部《史记》的时候,可以先看一些"本纪""世家""列传",也就是先看一些故事性比较强的,大家耳熟能详的一些故事,通过故事来导入,理解由浅入深,这样读起来循序渐进可能比较好一点。

科普进一步 |荐读

古文阅读,需要循序渐进,逐步提升文言阅读的能力。前期,可以借助《古汉语常用词典》,系统地阅读《古文观止》,"熟读古文二百篇,等闲能过文言关"。练好基本功,阅读起来就会顺畅一些。

消费是贯穿我们生活始终的一件"日常事务",我们无时无刻不在与"消费"打交道。在日常消费中,不论是主观的还是非主观的原因,总会导致一些纠纷的产生,有些时候甚至严重损害我们的合法权益。如何在消费过程中维护我们的合法权益?熟知法律规定、了解相关事项显得十分必要。

播出时间│2018年3月15日
主讲专家│重庆市社科联规划办主任　唐旺虎

依法维护自身消费权益

值此"3·15"消费者权益保护日来临之际,受"社科五分钟"邀请,我给大家简要分享一下与消费者权益保护相关的法律和有关问题。

首先,《中华人民共和国消费者权益保护法》是消费者进行消费维权的基本法律依据,它规定了消费领域维权的范围、原则、条件、程序等基本事项。在日常消费中如果产生纠纷,我们首先应该想到用这部法律的相关规定来维护我们的合法权益。

其次,《消费者权益保护法》并不是进行消费维权的唯一法律依据。在目前我国的消费者权益保护法律体系中,以《消费者权益保护法》为核心,各有关专门法和规章条例等构成了一个比较完整的消费者权益保护的法律体系,例如一些含有与消费相关的基本法,像《中华人民共和国合同法》《中华人民共和国广告法》《中华人民共和国反不正当竞争法》《中华人民共和国商标法》《中华人民共和国产品质量法》《中华人民共和国食品卫生法》《中华人民共和国计量法》《中华人民共和国反垄断法》等法律,从不同方面和角度对各领域与消费相关的事项做出了具体规定。还有一些规章、办法,如《电信条例》《汽车品牌销售管理办法》《部分商品修理更换退货责任规定》以及《移动电话机商品修理退换责任规定》等,对相应商品的具体维权方式做作出专门规定;另外,一些地方立法在《中华人民共和国消费者权益保护法》的基础上,结合各自实地,对当地的消费维权进一步进行了立法细化,如《重庆市消费者权益保护条例》等,它一方面很好地贯彻了国家法律的原则精神,另一方面,又结合实际进行了更加具体和符合本地消费特点的规定,对重庆市民来说针对性更强。所以,我们在日常消费维权的过程中,要有这种"维权法律体系"的意识,如果在某一部法律法规当中找不到相应规定的时候,尽量找相关具体的规章办法等的相应规定,以便更好地维护我们的合法权益。

第三,要了解消费维权有很多种途径。最常用的办法当然是跟销售者进行沟通交涉,这样的方式成本最低、效率最高。但是如果通过这种方式不能达成一致,或者其他原因致使无法维权的时候,就要考虑通过向消费者协会投诉、提请专门机构仲裁直至向有管辖权的人民法院提起诉讼等途径。总之,要通过各种办法和途径,依法、理性地维护自己的合法权益。

同时,现代消费过程当中,也有许多看起来不属于消费者权益保护法规定范围内的事项,但在日常生活中却与我们的消费又息息相关。这里重点提醒大家注意安全消费。这个不是产品质量,而是指在消费过程中可能造成的人身伤害。如在商场购物时可能遇到的被高处货柜上货物掉落砸伤的安全问题,有时可能会遇到有促销活动时的人员拥挤踩踏而导致伤害,还有可能遇到商场突然起火等意外事故。我们在日常消费的过程中,都应当有这种安全消费的意识,多一点注意、多一点防范,比如观察好商场货物摆放情况,了解商场的安全通道,甚至有时候要考虑自己的身体状况等。总之,不管是直接与法律相关的维权活动,还是与消费相关的安全事项,都是为了确保我们消费的优质和安全。祝愿大家在日常生活中都能做到快乐消费、安全消费!

科普进一步 | 荐读

消费纠纷解决的依据是上述法律法规和相关规定,但解决渠道中如果都去走起诉一途,无疑会让很多人望而却步。选择消费者协会进行调解解决是一条最实惠普遍的纠纷解决之道。因此我们有必要了解消费者协会。中国消费者协会于1984年12月经国务院批准成立,是对商品和服务进行社会监督的保护消费者合法权益的全国性社会组织。目前,全国县以上消费者协会已达3000多个,其中省、自治区、直辖市31个。在农村乡镇、城市街道设立的消协分会,在村委会、居委会、行业管理部门、高等院校、厂矿企业中设立的监督站,联络站等各类基层网络组织达15.6万个,义务监督员、维权志愿者10万余名。我们在日常消费中发生纠纷,首先可以选择向当地消费者协会投诉,可能您会以更快的速度得到满意的解决方案。

在今天中国人的政治生活中,"法治"是一个经常会被提到和使用的概念。但究竟什么是法治?它的基本含义是什么?很多人却并不真正知道和了解。法治之所以经常被提及,因为它是我们所要追求的一种理想的国家治理形态,法治国家的建成,对于促进中国社会的文明进步将发挥着至关重要的决定性作用。

播出时间|2018年3月15日

主讲专家|重庆社会科学院　胡　波

法治之为法治:法律得到普遍的遵守

我今天开始跟大家分享如何理解"法治"这个概念。什么是法治呢?它的一个最基本的含义就是:"有法可依、有法必依""法律面前,人人平等"。就是说法律一旦制定了,就要求得到普遍的、无一例外的遵循,人人都必须守法,没有人可以不遵守法律,或者不受法律的约束。如果法律只是对一部分人起作用、对另一部分人却不起作用,同样是做了违法的事情,有人会受到法律的制裁,有人却可以免于法律的惩处,法律随时都可以被打破,有法却可以不依,这就不是法治的社会。

需要特别说明的是,守法的要求不仅是针对个人而言的,它也是对所有社会组织、团体和国家机关的要求。按照现代法治的基本精神,法律的制定不仅是为了约束公民的个人行为,更是要规范和约束公权力的活动。公权力守法对建设法治国家具有至关重要的意义,只有将公权力真正置于法律的规范与制约之下,切实做到依宪执政、依法行政,才能真正维护法律的最高权威性。因此在我们的法律制度中,必须包含规范和制约公权力的内容,执政党和政府作为公权力的代表,也必须率先垂范,带头遵守法律、敬畏法律,才可能真正建成我们所希望的法治国家。

为了帮助大家更好地理解公民个人和公权力如何做到守法的问题,我们有必要对"法无禁止即可为,法无授权即禁止"这句法律谚语做一些阐释。这句话其实包含了两重意思：它的前半句"法无禁止即可为"，所适用的是公民个人，其意思是说只要法律没有禁止的事情，公民就可以自主决定做或者不做，并且是受法律保护的。而后半句"法无授权即禁止"或者"法无授权不可为"，所适用的则是公权力，其意思是说只要法律没有授权的事情，就是为法律所禁止的，如果公权力在没有法律授权之下而自行其是，那它就是一种违法行为。

对此我们可以举一个例子来说明。譬如某地城管部门在某年的春节期间，开展了所谓的"铲春联行动"，就是一种比较典型的违法行为。一方面，该地城管部门禁止商户在正月十五后贴春联，但这种做法并没有任何法律依据，也就是没有法律授权，所以该城管部门首先就违反了"法无授权不可为"的原则，是不合法的。另一方面，也没有哪部法律规定说老百姓只能在正月十五之前贴春联，或者必须要经过政府部门的审批后才能贴，因此城管部门的这一做法实际上又是对公民正当权利的侵犯，同样也是违法的。

由这个例子就可以看出，公权力与公民权利之间是一对客观存在的矛盾，只有公权力做到了"法无授权不可为"，公民权利才能得到应有的保障。总而言之，作为普通公民，守法就意味着不做法律明文禁止的事情，否则就是违法的；而作为公权力，守法则意味着只能在法律授权的范围内活动，不做法律没有授权的事情，否则也是违法的。搞清楚公民守法和公权力守法各自的具体要求，才能有助于我们更好地做到对法律的遵守。

科普进一步 | 荐读

法治一词的英语为"the Rule of Law"，直译为"法律的统治"，指的是在一个社会中，法律是社会的最高权威，具有凌驾一切之上的地位。从世界范围来看，现代法治始于13世纪，其标志性事件是1215年6月15日在英国兰尼米德草地上，由英国约翰王和25位男爵签署的英国《大宪章》，这被看成是后来世界各国法治的开端。

人们通常所理解的法治,就是"依法治国",这是法治的一个重要特征,但还不是法治的完整定义。现代的法治理念,并不只是简单地要求"依据事先制定的规则或法律来治理",它还进一步包含了对立法和法律本身要具有正当性的要求。

播出时间 | 2018年3月22日
主讲专家 | 重庆社会科学院　胡　波

法治之为法治:良法之治

上次我们讲到法治的一个基本含义是法律必须得到普遍地遵守,但这还不是完整的法治概念。法治之为法治还意味着:要求人们对法律的普遍遵守又必须以良法的制定为前提,就是说,法治必须是"良法之治",而不仅仅是"依法治国",这才是完全意义上的法治概念。

那么什么是良法呢? 这又可以从立法主体和内容两个方面来看。首先从立法主体来看,良好的法律必须是由人民制定并体现人民意志的,这是良法在主体正当性上的要求。法律要体现人民的意志,人民就必须掌握国家的立法权,而这又要求人民成为国家真正的主权者,所以法治又总是跟民主政治紧密联系在一起。法治和民主都是现代政治文明的重要构成部分,二者相辅相成、缺一不可。只有在民主政治的前提下,立法机构为人民所授权,并建立起必要的民主立法程序,才能够本着对人民负责的宗旨而开展立法活动。

再从内容方面来看,法律的内容必须具正当性和合理性,必须是与正义之法则相符合的,才能成其为良法。如果国家制定的法律严重违背了正义之法则,这样的法律通常就被称作"恶法"。法治的根本目的是追求正义价值的实现,这首先就需要在立法即法律的制定中体现出来。那么什么是良法所必须遵循的正义法则呢?

首先,是对公民基本权利的保护。人的基本权利是人的基本自由和尊严在现实生活中的体现,保护人的基本权利也就是维护人最基本的自由和尊严所需要的社会条件。人的基本权利决不允许被侵犯,因为如果连人的基本自由和尊严都不能得到保护,那么人的其他一切幸福追求都是不可能的。而要保护人的权利,就必须依靠法律的作用,只有凭借法律的权威性、强制性才能为人权提供最强有力的保障。所以从整体上看,良法之为良法的首要条件就在于,它必须建立在权利原则之上,以维护普遍人权为宗旨。由国家宪法所规定的公民享有的基本权利通常就包括:公民的生命权、财产权、思想言论自由和民主政治权利等。

其次,是要以对公权力的规范与制约为重点。从保护公民权利的目的出发,必然就会提出制约公权力的要求。因为所有对公民权利的侵犯与剥夺,都只可能来自他人权力的滥用,因此要保护公民权利,就必须防止权力的滥用。权力又分为公权力和私权力,它们都可能做出危害权利的行为,而其中公权力由于具有为私权力所无法相比的威力和能量,从而成为可能侵害公民权利的最大威胁,因此对公权力的规范和制约,就应是法律对权力制约的重点所在。

概括而言,完整的法治概念必须包含了两方面的基本含义:一是法律要得到普遍的遵守,二是被普遍遵守的法律必须是良法。如果只有法律的普遍被遵守,或者只有良法却不能得到普遍有效地执行,都不是完整意义上的法治概念。今天不少人还只是停留在对法治的第一方面含义的了解上,只知要依法治国,而不知还要良法之治,这是非常不利于我们的法治建设的。有鉴于此,我们今天更需要强调的是,良法的制定是法治不可或缺的要素之一。

科普进一步 | 荐读

要进一步了解什么是良法,我推荐阅读由我国法学工作者所撰写、武汉大学出版社出版的《良法论》一书。该书介绍了古今中外学者关于良法及其标准等问题的论述,并具体讨论了良法的价值标准、形成标准和程序标准等。

了解了安徒生奖和纽伯瑞奖是不是就足够为孩子挑选丰富的精神食粮了呢？其实，每一个国际儿童文学奖项都有各自的特色和看重的图书品质。大牌图书如何挑选，不仅仅只看两个儿童文学奖项，还要学会在不同的儿童文学奖项中进行比较。从国际儿童文学奖的比较中来看大牌图书的挑选，你也会成为一个选书高手。

播出时间 | 2018年3月22日
主讲专家 | 重庆第二师范学院学前教育学院教师　江　雪

外国儿童文学大牌图书如何挑选

大家好，我是江雪！上一周的选书中，我们了解到儿童文学界重要的安徒生奖和纽伯瑞奖。大家还记得，这两个奖项的名称是如何来的吗？对！这是要纪念儿童文学和儿童发展历史上做出重要贡献的人。那么，别的奖项也是这样吗？我们如何根据不同的文学奖项挑选大牌读书呢？这就需要我们更多了解国际上重要的其他类似奖项。

在纪念儿童文学作家的名义下设立儿童文学奖项中，儿童文学界有一个世界上最大的儿童文学奖——纪念阿斯特丽德·林格伦文学奖。我们常常称它为"林格伦奖"。

大家可能就奇怪了：它是最大，那安徒生奖呢？不要慌张，林格伦奖是世界上最大的儿童文学奖是因为它的奖金为55万欧元，是世界上奖金最高的儿童文学奖。这个奖项不仅颁发给儿童文学作家、插画家，也奖励编讲故事家以及符合林格伦精神的阅读推广活动。这是瑞典政府为了纪念"长袜子皮皮"的妈妈——阿斯特丽德·林格伦设立的奖项，将对儿童的关爱从作品到阅读推广中播撒，奖励那些和孩子站在一起的人。大家读一读林格伦的《长袜子皮皮》《小飞人卡尔松》《淘气包埃米尔》等作品就知道林格伦奖追逐的勇气与真实的儿童精神了。

英国的卡内基奖章也是以人名命名的儿童文学奖，不过它和前面我们提到的儿童文学奖的差别是：它是以美国慈善家安德鲁·卡内基命名的，纪念卡内基在英语世界创立2800家图书馆的慈善创举。

这个儿童文学奖可是一个非常厉害而且有性格的儿童文学奖项。为什么说它厉害又有性格呢？首先，它创立于1936年，被称为"英国最古老和最有声望的儿童图书奖"。卡内基奖每年只奖励一本童书。并且，参与卡内基奖章提名的童书必须用英语写作，还要求是上学年在英国首次出版，条件可谓是比较"苛刻"的。这听起来是不是很厉害呢？

其次，说这个奖项有性格，第一是因为卡内基奖章还曾因为"没有合适的图书"出现过空缺，抱着宁缺毋滥的原则评选英语童书。第二则是该奖章的评选方式积极引入了儿童们的参与：奖章图书提名后，会有许多在校学生阅读提名图书，然后向专家小组提交他们对该书的评论。而奖章的评委是由图书馆和信息专业人士特许学会下青年图书馆组的12名儿童图书馆员组成，可谓是真正地选出高质量的受孩子们欢迎的英语童书。卡内基奖章图书强调给孩子们快乐并且值得回味。因此我们看到《汤姆的午夜花园》《纳尼亚传奇第七部：最后一战》《借东西的小人》等获奖作品都与该奖项的精神契合。你说，这样强调快乐，注重让孩子们阅读、挑选的图书能不让孩子们喜欢吗？

在不同的国际奖项中拿到书单，根据奖项评奖的原则和看重的品质，我们即使未曾阅读过原作也能大致了解图书的写作倾向。因此，我们能够迅速从这些大牌图书中挑选出我们需要的、孩子看重的品质图书。这是不是一个很便利地挑选外文儿童文学作品的方法呢？

科普进一步 | 荐读

阿斯特丽德·林格伦(Astrid Lindgren, 1907—2002)，瑞典著名的儿童文学作家，一生为孩子们写作了80多部儿童文学作品，代表作有《长袜子皮皮》《小飞人卡尔松》《淘气包埃米尔》《绿林女儿》等。《长袜子皮皮》是林格伦的成名作，源于她给女儿讲的故事。该书是瑞典儿童文学出版史上最畅销的书籍，也是风靡整个欧洲的作品。

"坚持法治和反对人治",似乎是一个老生常谈的话题,但实际上在我们社会还远未形成普遍共识。不少人对法治与人治的根本对立关系仍然认识不清,甚至有一种对人治的留恋情结,因此我们有必要明确指出,要法治就不能要人治,二者是不可能并立共存的。

播出时间│2018年3月29日

主讲专家│重庆社会科学院　胡　波

坚持法治必须反对人治

　　前两次我们讲了法治概念的两方面基本含义,今天我主要想讲一下与法治相对立的"人治"这个概念,并进一步表明为什么建设法治国家,必须坚决反对和摒弃人治模式。

　　人治跟法治都是指国家的根本政治模式,而且指的是两种截然相反的政治模式。法治模式概括而言就是:按照由人民授权制定并体现正义法则的法律制度来治理国家,凡是达到了这样的一种治理状态,就可以称之为是法治的。而人治模式指的是:按照少数统治者的权力意志来管理国家,这样一种政治形态就是人治。不难看出,"法治"所表征的是一种理想的政治形态,而"人治"更多是对历史上既有的政治形态的描述。

　　具体来看,人治模式又有两种具体的运行方式:一种是撇开相对稳定的国家法典,直接以比较灵活随意的行政指令来治国理政,譬如古代的"皇帝诏曰",就是这样一种"靠指令治国"的方式。另一种是把君王个人或统治集团的意志变为国家的法典,然后强调官员要按律行事,从而具有了一种"依法行政"或"按律办事"的表面形式。但问题在于,将君王的意志转变为法律,君王意志仍然是治国的根本依据,这就仍然是人治的,而不是依法治国和"良法之治"的法治。

　　由此可见,人治跟法治的真正区别并不在于国家有没有建立法律制度,或者法律制度是否完备。实际上,自从有了国家以来,就有了法律制度,在古代的人治社会,也同样是有法律制度的。但人治社会的法律制度根本不同于法治社会的法律制度,它们不过是贯彻和实现君王意志的工具而已。在《中庸》中就有这样一句话:"非天子,不议礼,不制度,不考文",这强调的就是,所有法律都应该是天子制定出来的。

同样,二者的区别也不完全在于国家法律是否能够得到普遍地遵守和执行。毫无疑问,在法治社会,法律制度才能得到更好地遵循与执行,但我们也要看到,即使在人治社会,法律也得到了一定的执行,从而发挥了一定作用的。统治者为了更好地实施自己的统治,也需要用法律手段来规范和约束其臣民的行为。但归根到底,皇权高于法律的权威,凌驾于国家法律之上,君王有选择任法和废法的权力,这就使得人治社会的法律最终难以做到普遍有效性。

可见人治跟法治是根本对立的:法治作为一种"良法之治",它要求的是要以人民意志和正义法则作为治理国家的根本依据;而人治作为一种"君王之治",君王的权力意志就是国家的最高意志。这两种政治模式是完全相反和根本对立的,它们之间不存在任何"相互结合"或"并行共存"的可能性,因此要大力推进我国的法治建设,就必须坚决反对和摒弃人治模式。

科普进一步 | 荐读

要了解更多有关法治的思想,我推荐阅读王人博、程燎原二人合著,由广西师范大学出版社出版的《法治论》。该书第一次面世是在1989年,1998年和2014年分别两次进行了再版,对于推动中国社会的法治建设起到了一定的启蒙和奠基作用。

2018年3月28日,朝鲜劳动党委员长、国务委员会委员长金正恩对中国进行了非正式访问。相比正式的国家领导人外交访问,非正式会谈在话语叙事上更加亲民性、传播内容上更加具有弹性、价值取向上更易产生共鸣。

播出时间 | 2018年3月29日
主讲专家 | 重庆工商大学艺术学院院长、教授　殷　俊

用传播概念解释:非正式会谈

进入21世纪以来,中国在不断创新和改革中促进了国家实力的提升,同时也面临更复杂的国际环境。为了促进交流与合作,我国与其他各国展开了多种形式的沟通,尤其是为了稳固周边环境与邻国关系,展开了系列谈话与双边访问。沟通是桥梁,交往促和谐。在国家交往中正式访问是指一国领导应某一国家领导的正式邀请,对邀请国进行的访问。有时称为友好访问或正式友好访问。国家元首的正式访问还可称为国事访问。非正式访问是基于正式访问的一种简约化形式。下面对2018年3月28日朝鲜劳动党委员长、国务委员会委员长金正恩对中国进行的非正式访问新闻通稿,从三个方面进行传播学解读。

1.话语叙事上的亲民性

正式的国际传播更贴近于议程设置理论中的"强制性议题"。即我们日常很难依托个人渠道和经验感受直接接触的议题,在强制性议题上,公众对媒介的依赖远远高于非强制性议题。"非正式"实质上仍然是正式的访问、会谈和接待,但在一定程度上通过话语建构的方式把其亲民化为"非强制性议题",即我们能够感知的议题,从而将国际传播中与公众的"距离感"转化为人际传播中的"贴近感"。这同样也是政治传播生活化的一种表现。

2.空间传播上的弹性

首先,由于国际传播中的公共性与严肃性,在话语建构上通常为框架化、

模式化的呈现。"非正式"这一用语与众多正式的对话形成对比,在一定程度上能够实现海量碎片信息吸引公众注意力的作用。其次,在国际政治传播当中,正式访问的公开性高于非正式访问,而非正式访问的频度要高于正式访问。"非正式"这一用语也包含了中朝两国关系,更加亲密和更加和谐的含义。

3.价值取向上的共鸣性

美国伊利诺伊大学香槟分校传播学院院长詹姆斯·凯瑞在《作为文化的传播》一书中将传播的仪式观与传播的传递观进行了区分。他强调,传播并非空间上的位移,而是以团体和共同体的身份吸引人们聚焦于仪式,并非"控制"与"权利",而是"共享"与"交流"。非正式访问在情感价值维度上,更贴近于以对话的方式将正式访问的权利感弱化,凸显与公众的共享感和交流感,从而有利于政治议题的传播和政治认同。

科普进一步 | 荐读

谈到"非正式访问",那"正式访问"是什么? 正式访问是指一国领导人应另一国领导人的正式邀请,对邀请国进行的访问。有时也可称为友好访问或正式友好访问。政府首脑正式访问的礼宾规格与国事访问大体相同,礼仪都比较隆重,主要的区别是在欢迎仪式上的礼炮鸣放为19响(国事访问21响)。其他活动安排也与国事访问基本相同。正式访问一般均有较隆重的礼仪活动。如:与来访者身份相称的领导人到机场迎接、送行;检阅仪仗队;宴会;等等。

一间传承千年的家族祠堂，它的墙壁上却用图画的形式保留着许多我们只能在文字记载中看到的历史"名场面"。"我们身边的传统文化"系列，讲述文物故事，触摸传统文化。5分钟，了解一件古物珍宝的前世今生。

播出时间 | 2018年4月13日

主讲专家 | 重庆大学人文社会科学高等研究院讲师　吴　娇

嘉祥武梁祠画像砖石

大家好，我是重庆大学古代文学教师吴娇。前两期为大家介绍了先秦时期的三件艺术文物，分别是彩绘的化妆盒和两幅作为送葬招魂之用的帛画。今天为您带来的这件艺术文物，是一件来自汉代的大部头作品，与被收藏在博物馆里的前三件文物不同，这件艺术品，至今还屹立在山东济宁市的嘉祥县，吸引着全世界艺术研究者好奇的目光，它就是武梁祠画像砖石。

画像石是汉代非常流行的艺术形式，至今在全国各地都有出土发现，记录了汉代人多姿多彩的社会生活和丰富有趣的精神世界。画像石的制作方法之一是先将黑色的石面打磨平整，在表面雕刻出描绘对象的轮廓，然后把物像周围部分凿去，形成白色的背景衬托黑色的物象轮廓的形态，最后再在黑色的整体轮廓中雕刻出具体的人物表情和服饰等，从而形成白色背景中有黑色人物，黑色人物中有白色细节的画面效果。

武梁祠是嘉祥当地武氏家族的祠堂，其最早也是最主要的建立者之一名叫武梁，生活于东汉晚期，他修建了祠堂，并在祠堂的内墙上刻画了讲述历史故事与家族人物的画像石，其作用主要是礼仪祭祀和教育后代，有点像咱们现在做报告用的幻灯片。一众画像石中，有数组以单幅或多幅的画面讲述《左传》《论语》《列女传》等故事的系列画像石，每一幅旁边还配有简单的文字说明，可以说是我国现存最早的连环画了。

这些连环画画像石中，有一幅风格鲜明的"荆轲刺秦王"画像石特别引人注目,匠人仅仅用一幅画,就概括出了史书中无数惊心动魄的文字。画面正中是秦宫立柱,柱子中段插着一把匕首,正是《史记》中"投匕中柱"的形象化。柱子右边是绕柱奔跑的秦王嬴政,匠人为了显示出秦王边跑边回头看顾的惊慌心情,将秦王的下半身雕刻成背面,上半身则雕刻成了正面。柱子左边是荆轲,已经受伤的他虽然被两名武士死死抱住,但依然双手高举,头上的长发直直向上方挺出,正是"怒发冲冠"的形象。荆轲、秦王与武士之外,这幅画像石上还刻画出了盛放樊於期人头的匣子、惊慌失措倒在地上的秦舞阳,以及抓起手中药囊扔向荆轲的医生。在不到1平方米的画面中竟能表现出如此丰富的内容和曲折的情节,让人不得不佩服古人的想象力和创造力。

荆轲刺秦王,是汉代美术作品中经常出现的主题,隐隐从那时起,古人的美术作品中就多出了文学作品的影子。下一期,我便为您介绍文学作品改编为艺术品的经典例子——《洛神赋图》。

科普进一步 | 荐读

曾任职于故宫博物院和芝加哥大学的著名学者巫鸿教授,是武梁祠画像砖研究的专家,他著有《武梁祠:中国古代画像艺术的思想性》一书,从学术的角度,用简洁的语言,将武梁祠画像的艺术价值一一道来。

播出时间|2018年4月5日

主讲专家|重庆市江津区中医院主任医师　邓玉霞

膏肓是什么,你必须得明白

中医里,把心尖部少量黄白色脂肪样的东西叫"膏",有脂膏的意思。把心脏与膈膜之间的部分叫"肓",用现代人体解剖学分析,应该是心脏与包膜之间的部位。换句话说,"膏肓"应该是人体心包。

古代中医认为,膏肓之处是人体最内里的部位,病由表及里,一旦进入这个部位,就无药可医了。"病邪入里一层,病深一层,出表一层,病轻一层。"

在中医里,膏肓除了代表人体内里的部位,还有一个叫膏肓的穴位。膏肓穴:位于人体后背第四、五胸椎旁开四横指处的一对穴位,它是治疗各种虚劳和慢性病的主要穴位。当久病不愈或者身体衰弱时,以此穴施灸,可以起到扶阳固卫、济阴安营、调和全身气血的作用,从而使身体恢复强壮。

科普进一步 |荐读

关于"膏",中医里还有一种"膏人"的说法。古人所说的膏人,就是我们现代医学里说的"向心性肥胖",是一种非常不妙的体型,也是高血压、高血脂、糖尿病的易发体形。所以,保持适当的体重,保持良好的体形,也是养生保健的重要措施。

"我最喜欢夏天/满地的鲜花;/这里一朵,/那里一朵,/真比天上的星星还多/"用金波老师《星星和花儿》这首诗来比喻中国儿童文学奖项中涌现出来的优秀儿童文学作品是最恰当的。不知道,你们能从亮如繁星的作品中挑出哪些自家孩子喜欢读的作品呢?

播出时间│2018年4月19日

主讲专家│重庆第二师范学院学前教育学院教师　　江　雪

走进中国儿童文学奖

　　大家好,我是江雪! 上一期中和大家一起分享了关于国际儿童文学大奖的一些内容和图书,有的朋友就在问我怎么不多说说我们中国儿童文学奖的情况? 今天啊,我们就特地一起走进中国儿童文学奖,一起来通过文学奖了解一下中国儿童文学的情况。当然,你们的书单来源渠道又多了一个。

　　一说起中国儿童文学奖,我们就必须提到"四大"。"四大?"可能有朋友就疑惑了,可能会想到会计师事务所,或者是四大发明。非也,非也。此"四大"非彼"四大"。我们常说的中国儿童文学奖的"四大"指的是:全国优秀儿童文学奖、宋庆龄儿童文学奖、冰心儿童文学奖和陈伯吹国际儿童文学奖这四个中国最重要也最具有分量的四个儿童文学奖项。

　　其中,全国优秀儿童文学奖又是重中之重,被认为是中国儿童文学的最高荣誉。这一奖项的评选和颁发都由中国作家协会主办,每三年评选一次,针对评选年度内出版的个人创作儿童文学作品。从1986年开始评选,截至2018年已经历经十届了。冰心、叶君健、严文井、陈伯吹、柯岩等著名老一辈作家都担任过这一奖项的评委。郑渊洁、杨红樱、秦文君、曹文轩、张之路等当前中国儿童文学的著名作家都曾获过这一奖项。十届全国优秀儿童文学奖的评选不仅鼓励了儿童文学作家们优质的创作,也为少年儿童们提供了属于中国本土化的精神食粮。十届全国优秀儿童文学奖的评选为我们推出了诸志祥的《黑猫警长》、周锐的《哼哈二将》、汤汤《水妖喀喀莎》等脍炙人口的童话作品;推出了刘健屏的《今年你七岁》、曹文轩《山羊不吃天堂草》、秦文君《男生贾里》、张炜《寻找鱼王》等精彩小说;推出了邱易东《到你的远山去》、金波《我们去看海》、王立春《骑扁马的扁人》等丰富的儿童诗集。值得一提的是,全国优秀儿童文学的评选从第二届开始就单独设立了"幼儿文学"评选栏,奖励优秀的幼儿文学创作,郑春华、薛卫民、鲁兵等优秀的幼儿文学创作者都曾受到嘉奖。

与全国优秀儿童文学奖设立在同一年的宋庆龄儿童文学奖主要由宋庆龄基金、团中央、中国作协共同举办,一共举办了五届。2005年,由于全国性文艺新闻出版评奖整改方案的推行,宋庆龄儿童文学奖并入全国优秀儿童文学奖。班马的《绿人》、黄蓓佳的《我要做好孩子》、孙幼军《唏哩呼噜历险记》等都曾获过这一奖项。

冰心儿童文学奖设立的时间相对较晚,是1990年设立的,一年一评。

与前三者并列的陈伯吹国际儿童文学奖设于1981年,是为了纪念中国儿童文学作家陈伯吹而设立的。它是中国目前连续运作时间最长、获奖作家最多的文学奖项之一。该奖原本为"陈伯吹儿童文学奖",从2014年开始面向国际表彰世界范围内对儿童文学事业做出贡献的儿童文学工作者,改名为"陈伯吹国际儿童文学奖"。

除此之外,中国少儿出版社也建立了不少儿童文学奖项,推动整个儿童文学事业的繁荣。1987年,台湾信谊基金出版社设立了"信谊图画书奖",推广图画书创作、出版和阅读,致力于幼儿教育和原创图画书创作。设立于2013年的"大白鲸世界杯"原创幻想儿童文学奖大概是国内奖金最高的儿童文学奖项。该奖项由北京师范大学中国儿童文学研究中心与大连出版社共同主办,致力于奖励原创幻想文学,引入了小读者评审团参与评选,可谓是与时俱进。与前几个奖项不同的是,大白鲸这一奖项奖励的是用中文写作、未曾发表或出版的幻想文学作品,将儿童文学的创作与动漫形象设计、教育软件等周边开发结合在一起,开启了产业化的发展模式。2017年,接力出版社联合曹文轩、金波两位著名儿童文学作家,推出了"接力杯金波幼儿文学奖""接力杯曹文轩儿童小说奖",也进一步开启了儿童文学下具体文学类型的征文和评选。各种奖项如同雨后春笋,它们的设立既见证了中国儿童文学逐步繁荣的发展道路,也推动了儿童文学新人、新作的不断出现。

同时，值得一提的是，台湾、香港等地区也有不少儿童文学奖项。

例如前面提到的信谊图画书奖就是台湾设立较早的图画书奖项。1988年，台湾儿童文学界为了纪念英年早逝的台湾现代儿童诗先驱杨唤，设立了"杨唤儿童文学奖"，重点奖励海峡两岸现代儿童诗创作。此外，台湾还有九歌现代少儿文学奖、小太阳奖、牧笛奖、洪建全儿童文学奖、台东大学儿童文学奖。其中，小太阳奖这个温暖的奖项名取自台湾著名作家林良的作品《小太阳》，希望这些创作像太阳一样光明、温暖，照亮着儿童成长的道路。在这里郑重地向大家推荐杨唤的儿童诗集《水果们的晚会》和林良的散文集《小太阳》。

2003年，在香港成立的"丰子恺儿童图画书奖"应当是大家熟悉的一个儿童文学奖项，奖励华文原创图画书作者。余丽琼、朱成梁的《团圆》，于虹的《盘中餐》，周翔的《荷花镇的早市》都曾获此奖。此外，香港还有香港图画书创作奖、香港中文文学双年奖和香港新雅儿童文学创作奖。其中，香港中文文学双年奖是表扬香港本地作家的重要综合文学奖项，儿童文学是下属评奖类别之一。该奖于1991年首次举办，隔年举行，是香港地区最重要的文学奖项之一。如果要了解香港儿童文学的发展情况，就一定不能错过这个奖项的儿童文学获奖作品。

絮絮叨叨这么多，大家想必对中国的儿童文学奖有了初步的认识了。如果为孩子或者为自己寻找优秀的中国儿童文学作品，不妨到这些获奖作品中畅游一番吧！

科普进一步 | 荐读

金波，1935年7月生，北京人，中国当代著名儿童文学作家，我们曾经在语文课本上读过的《盲孩子和他的影子》就是他的作品。金波先生擅长儿童诗和低幼童话的创作，先后出版儿童诗集《绿色的太阳》《雪人》《我们去看海》《在我和你之间》等，童话集《小树叶童话》《追踪小绿人》《乌丢丢奇遇记》等。金波老师尤其关注幼儿文学作品的创作，将幼儿文学看作是启蒙的文学，引领孩子走入最初的艺术审美殿堂。在他看来，"为幼儿就是为人生"。因此，幼儿文学的阅读一定绕不开金波的作品。

你知道为什么古人要说"三年之艾"？李时珍在《本草纲目》中说"艾草能灸百病"，艾草药用价值一年之中最好的时间就是5月，除了能吃，还能用于辟邪去秽。但是，难道艾草功效还有时间新、老之分吗？当然有。三年的艾草到底好在哪里？

播出时间｜2018年4月26日

主讲专家｜重庆市江津区中医院主任医师　邓玉霞

三年之艾不一般

民间有句老话叫："家有三年艾，郎中不用来"。明代李时珍的《本草纲目》中记载："凡用艾叶，须用陈久者，治令软细，谓之熟艾，若生艾，灸火则易伤人肌脉"。

因为艾灸操作简单，艾叶易得，人们把它作为家庭保健之用非常合适，有通经活络、行气活血、去湿逐寒、消肿散结、回阳救逆、防病保健的作用。

值得注意的是，由于艾叶性温，一般湿热体质、实体体质和阴虚火旺的人最好不要艾灸，或者体质改善后再行艾灸。

科普进一步｜荐读

艾草的应用非常广泛，知道三年之艾的好处，可以多学习一些关于艾草的鉴别知识，在需要的时候，好的艾草对你的疾病治疗会有很大帮助。

"一有适当的利润,资本就胆大起来",出自马克思的《资本论》;"无产阶级的运动是绝大多数人的、为绝大多数人谋利益的独立的运动"出自马克思的《共产党宣言》。马克思一生拥有很多头衔:思想家、哲学家、政治家、革命家……在他的墓碑上这样写道:"哲学家们只是用不同方式解释世界,而问题在于改变世界。"

播出时间 | 2018年5月3日

主讲专家 | 时任重庆市社科联普及部副部长　王　刚

如何读懂马克思主义

大家好,我是重庆市社科联普及部的王刚。

有没有这样一个你最熟悉的陌生人? 你总是听人提起他的名字,在书本上、电视上无数次见到过他的名字,可实际上你却对他知道得很少。这个人就是马克思。

2018年5月5日,即将迎来马克思诞辰200周年,作为以马克思的名字命名的马克思主义,也已历经170年风雨而不衰。说起马克思主义,你是不是瞬间就有"不明觉厉"的感觉,同时又觉得高不可攀,让你望而却步了呢? 其实,真正的马克思主义既是高大上的,又是接地气的;既是19世纪的老古董,也是21世纪的潮范儿。今天,我就青年与马克思主义这个话题跟大家做一个简短分享。

第一,什么是马克思主义。

马克思主义这个概念,从狭义上说,特指马克思和恩格斯两个人创立的学说;从广义上说,包括苏联和中国共产党人对它的继承和发展。

第二,马克思主义有什么。

马克思主义的内容极为丰富,涵盖了政治、经济、文化、军事、历史、人类社会与自然界的关系等诸多领域和各个方面。我们一般把马克思主义划分为哲学、政治经济学和科学社会主义三个组成部分。哲学包括唯物论、辩证法、认识论、历史观。唯物论讲世界的本原是什么,读懂唯物论,你就会明白究竟是先有物质还是先有意识。辩证法讲事物是如何运动、变化、发展的,读懂辩证法,你就能在求学、择业道路上少一分迷茫、多一分清醒。认识论讲人的认识是如何产生的,读懂认识论,你就会明白一封名为"世界那么大,我想去看看"的辞职信为什么会爆红网络。历史观讲人类社会是如何演变的,读懂历史观,你就会明白习近平总书记为什么要为人民群众点赞。政治经济学会告诉你美国为什么发生"次贷危机""占领华尔街运动",当前"中美贸易战"背后的经济政治博弈。科学社会主义会告诉你今日的中国为什么"风景这边独好"。

第三,如何寻找马克思主义。

国内介绍马克思主义的作品主要有三类:一是编译的原著,即由中央组织翻译的马克思恩格斯原作。公开发行的有马克思恩格斯"选集""文集"和"全集",也有《共产党宣言》《资本论》等单行本;二是编写的基本原理,即由学者对马克思主义做的分类阐释和解读。如《辩证唯物主义和历史唯物主义原理》《科学社会主义概论》;三是创作的普及读物。典型代表作《马克思靠谱》,用青年喜欢的流行语言,通俗、生动地介绍马克思的生平和著作。

第四,怎样学习马克思主义。

青年学习马克思主义要注意"两先两后"。在版本的选择上,先读原理,后读原著,因为原著里宏大的内容、晦涩的语言很容易让初学者望而生畏;在内容的选择上,先学哲学,后学政治经济学和科学社会主义,因为哲学是打开整个马克思主义理论宝库的钥匙,掌握了哲学方可入门。

马克思主义里流淌着与当代"90后"青年非常类似的精神特质:那就是爱憎分明、敢于怀疑、敢于尝试、敢于追梦。马克思主义是当代青年绝对不容错过的经典,我坚信一旦你走进马克思主义,很快就会成为他的粉丝,并受益终身。

科普进一步 | 荐读

对于马克思主义的初学者,"社科5分钟"推荐阅读由东方出版社出版的《马克思靠谱》。这本科普读物是由国内马克思主义研究领域和传媒领域的少壮派代表人物编写的,用走心、妥帖且青春的表述方式讲述了马克思的一生及思想理论精髓,让年轻读者们穿越时空,与一个有血有肉有灵、与"90后"的心灵足迹无比契合的马克思相遇。

曹植与宓妃的爱情故事传说已久，顾恺之却是第一位将这个故事诉诸丹青的人，他的《洛神赋图》名满天下，至今还吸引着人们孜孜以求地探索它的秘密。"我们身边的传统文化"系列，讲述文物故事，触摸传统文化。社科5分钟，了解一件古物珍宝的前世今生。

播出时间 | 2018年5月10日

主讲专家 | 重庆大学人文社会科学高等研究院讲师　　吴　娇

洛神赋图

　　大家好，我是重庆大学古代文学教师吴娇。上一期，我们一起欣赏了山东嘉祥武梁祠的荆轲刺秦王画像石，与早期美术大都是为了墓葬或祭祀仪式而制作不同，武氏祠虽然也是一个家族祠堂，但它已经开始体现出设计的意图来。匠人采用分层、分格构图的方法，在一层中包括多个不同的画面和人物，着重表现故事冲突和事态发展转折点的瞬间，体现出美术从礼仪走向文学和艺术的倾向。正是有了这样的发展，中国传统人物画开始在魏晋南北朝时期逐渐走向成熟，顾恺之的《洛神赋图》正是这一时期的杰作。

　　顾恺之是东晋时的大画家，传说他因为幼年丧母而一直好奇母亲的模样，便根据父亲的描述一遍一遍地描绘，父亲一开始只是摇头叹气，直到有一天，父亲看着顾恺之的画作两眼放光，迟迟不肯放手，连声说："这就是你的母亲！"之后，顾恺之画人的工夫就一传十、十传百，闻名乡里了。

　　《洛神赋图》根据曹植的《洛神赋》而作，是名满天下的顾氏画作，可惜真迹未能传世，如今收藏于故宫博物院与辽宁博物馆的宋摹本是后世摹本中的精品，千载之下，亦可从中遥窥顾恺之的笔墨神情。以故宫所藏《洛神赋图》宋代摹本为例，此图为长幅手卷，宽27.1厘米，长572.8厘米，全卷以同图异时的方式和俊逸的笔法生动形象地再现了《洛神赋》中的场景。所谓"同图异时"，即是说在一幅长卷之上，绘制出不同时间段的场景，这和古人欣赏长卷时是一边展开又一边卷起的方式有关。他们会先展开一个画面，欣赏完后再将这一段画卷卷起，展开下一个画面。所以画家在作《洛神赋图》长卷时，会挑选《洛神赋》中典型的场景来一一呈现。故宫博物院藏《洛神赋图》的开篇，依据的便是《洛神赋》开篇所写曹植在洛水边遇见洛神的场景。画中的曹植在随从陪伴下步履趋前，怔怔望向水边，身后隐约有山水、绿树，正是应了《洛神赋》中"经通谷，陵景山""容与乎阳林，流眄乎洛川"几句对风景的描写。画中的洛神沿河而来，款款回首，头梳双环望仙髻，衣裙飘飞，对应的正是"云髻峨峨"与"披罗衣之璀璨"等诗句。洛神身后有苍松翠柏，并隐约有大雁和飞龙腾空而起，洛水河面漂浮着荷花，一轮红日高挂天空，所表现的正是那段著名的"翩若惊鸿，宛若游龙，荣耀秋菊，华茂春松""远而望之，皎若太阳升朝霞；迫而察之，灼若芙蕖出渌波"。惊鸿即是惊飞的大雁，形容洛神身姿优美，芙蕖即是荷花，形容洛神风姿卓绝、光彩照人。

由这开篇的第一幅场景就可以看出，画家在作画时尽量照顾到《洛神赋》每个场景的细节，其画作是对原文的艺术化再现，在忠实原文的基础上，将优美的文字转化为的图画，虽然在山水人物的比例上还不成熟，但其用心之精细，笔法之高妙，称得上是中国传统人物画中的精品。除《洛神赋图》之外，相传顾恺之还画有《女史箴图》《列女图》等，可惜的是无真迹传世，我们也无从看到传说中顾恺之那如春蚕吐丝一般的勾描功夫了。所幸的是，我们依然可以从其他文物身上去找寻顾恺之的笔风。下一期，为您介绍最接近顾恺之真迹的文物《竹林七贤与荣启期》画像砖。

科普进一步 | 荐读

除故宫博物院之外，辽宁省博物馆也收藏有一幅精湛美丽的《洛神赋图》摹本，想要欣赏这幅作品，可收看文博探索节目《国家宝藏》第一季第五期，去进一步了解它的故事。

近日,贵州兴义民族师范学院招聘"语言学博士"的启事火了!"学校一般,交通一般,待遇一般;压力不大,牛肉便宜,适合养老"的画风内容,堪称"史上最真诚的高校招聘"。该启事背后,关于招聘应聘,我们需要懂得哪些传播学知识呢?

播出时间│2018年5月10日

主讲专家│重庆工商大学艺术学院院长、教授　殷　俊

重庆市社会心理学会心理咨询专业委员会主任、重庆市协和心理顾问事务所所长　谭刚强

招聘应聘,不懂"传播"要吃亏

殷俊教授从传播学视角解读兴义民族师范学院招聘"语言学博士"的启事,分以下三个方面:

一、使用与满足

"使用与满足"理论是从受众角度出发,通过分析受众的媒介接触动机,以及这些接触满足了受众何种需求,来考察大众传播给人们带来的心理和行为上的效用。

贵州兴义民族师范学院的这则招聘启事,用趣味化的文字明确了招聘教师的待遇及福利,工作环境、学术氛围、科研要求等,与以往重科研、强工作压力形成鲜明对比,让人耳目一新,增强记忆。这就使得这则招聘启事使用价值、实用价值高,让接受者的使用价值倍增。

二、新闻真实性

新闻真实性指的是在新闻报道中的每一个具体事实必须合乎客观实际,即表现在新闻报道中的时间、地点、人物、事情、原因和经过都经得起核对。

贵州兴义民族师范学院的招聘信息中用数字量化了教师的具体工资待遇及科研要求,还公布了该学院院长的联系方式。此外,《人民日报》《中国日报》《华西都市报》《楚天都市报》等权威媒体跟进报道此事,增加了事件的真实度,

更能让人信服。

三、互动的对称性

互动的对称性指的是互动双方有类似的行动,双方彼此的行为相互依赖、相互制约。

贵州兴义民族师范学院招聘信息传播后,引起受众的强烈关注,受众在招聘信息页面点赞和评论,形成了信息的二度创作和三度创作,使得信息传播愈加广泛,覆盖愈加深厚。此外,媒体记者跟进官方求证进行深度报道,进一步助推事件的传播。该学院在收到受众和媒体反馈后,及时更新信息,再由学校人事处负责解释这则招聘启事。信息传播双方的互动性使得这则招聘启事传播的触及率和到达率变得更高。

社会心理学者谭刚强教授认为:

求职简历一般不需要过于冗长,关键在于重点突出,最重要的在于明确自己的求职意向。首先,求职简历要具有针对性,一是要针对应聘的职位、企业或机构,二是要针对自身,要写出自身具有的优势与求职企业或机构有关联的亮点,HR在筛选简历时会重点留意求职者的期望与招聘方职位诉求的对位性,要在简历中展现自己特殊的经历,或者核心竞争力。其次,个人基本信息要全面清楚,照片要使用清晰的证件照而非艺术照。然后,自我评价在150字左右,简明扼要地阐述自身的优势。最后简历有无封面并不重要,简历最根本的目的是让HR在人才筛选时,不会把你从众多的竞争者中剔除。

科普进一步 | 荐读

看了殷俊教授对贵州兴义民族师范学院招聘启事的传播学分析和谭刚强教授关于个人应聘时要注意的问题,相信你对此会有新的认识。不管是个人应聘,还是单位公司招聘,一定要把握好主体和对象之间的关系,厘清两者的需要,调整自我,从而实现双方的满足。"社科5分钟"推荐阅读《人才招聘与应聘》。该书深入浅出,指导性强,书内附有招聘、应聘实例,心理测评的具体方法和招聘录用人员的有关规定及操作方式。该书集科学性、知识性、实用性和可操作性于一体,适合广大求职应聘人员和院校毕业生的需要,也可供企事业单位人才管理部门参考。

没有病，要不要时时自己灸疗一下？可能有人说，多此一举。但是，你看完专家的说法，你就明白了。

播出时间｜2018年5月10日
主讲专家｜重庆市江津区中医院主任医师　邓玉霞

无病自灸

灸，古代称"灸焫(ruò)"。焫就是点燃、焚烧的意思。一般都是以艾绒为主要材料，点燃后直接或间接熏灼体表穴位，也可在艾绒中掺入少量辛温香燥的药末，以加强治疗作用。

宋代《扁鹊心书》中提道："人于无病时，常灸关元、气海、命门、中脘，虽不得长生，亦可得百年寿"。

无病自灸可以根据自身健康情况进行设计。对于一般养生而言，关元穴、命门穴、气海穴、中脘穴、神阙穴、三阴交等是常用的穴位，可以壮阳气、消百病，以点燃的艾柱隔皮肤约1.5～2厘米熏灸，每次15～20分钟，至局部皮肤发热微红，每周坚持3～5次，持之以恒，就会看到很好的效果。

科普进一步 ｜荐读

中医的灸疗不仅可以用在预防保健上，更多会用在治疗疾病上，很多湿症、淤症、寒症都可以通过灸疗来使其好转。

学习哲学的最大益处是能够培养我们的理性思维能力，激发起独立思想的潜能，提高我们的知识水平和人文素养。将来即使不从事哲学研究工作，学一点哲学对我们的生活、工作也大有裨益。至于高考如何填报志愿，主要还是应遵循各人内心的从业志趣，如果还想要学习一些哲学，也可以通过其他的路径，而不是只有报考哲学专业这一条路的。

播出时间 | 2018年5月17日
主讲专家 | 重庆社会科学院　胡　波

填志愿，要不要学哲学？

大家好，我是哲学学科的胡波，来自重庆社会科学院。

一年一度的高考又临近了，我想就哲学专业的有关问题，跟对哲学感兴趣的青年朋友们做一个简要的分享。

按照我国的学科分类，哲学专业下面又分为马克思主义哲学、西方哲学和中国传统哲学三大类。另外还有伦理学和宗教学，也是放在哲学下面的。不过在大学本科阶段，并不需要这样分科来学习，只有到了研究生阶段，才需要进一步的分科学习。在本科阶段，哲学专业学生通常需要学习的课程有：马克思主义哲学基本原理，马哲史，西方哲学史，中国哲学史，哲学原著选读和逻辑学等。如果你想要了解更多的哲学思想理论，大学里还有很多哲学讲座和选修课可供你选择，记得当年我读研究生时，最感兴趣的选修课是西方马克思主义和分析哲学。

需要说明的是，这种分科标准不是唯一的，哲学专业下面还可以按照其他标准划分为各个不同的研究方向：譬如按照研究的问题领域来划分，可分为自然哲学、历史哲学、道德哲学、政治哲学、语言哲学和人学等；按照流派来划分，又有现象学、实证主义哲学、存在主义哲学、分析哲学、解释学、解构主义等；还有按照思想家来划分的，譬如亚里士多德哲学研究、康德哲学研究、马克思主义哲学研究；等等。总之哲学分科不是绝对的，只是为了方便人们进行分类学习，或者开展更深入地研究。

学习哲学有两方面的意义：一方面，哲学作为人类思想智慧的一部分，需要有人来专门从事其研究工作，以推动哲学事业的发展，将这门学术活动不断传承下去；另一方面，即使我们将来不从事专门的哲学研究工作，学习哲学也可以有助于提升我们的理论素养，培养健全的理性思考能力。因此全世界的综合性大学，几乎都设有哲学专业，或者开设了哲学课程。当然也不必否认，哲学从来都不是什么流行或热门的学科，因为哲学并不教授任何实用的技能，所以它跟几乎所有的实践岗位都难以直接对口。

关于哲学的就业前景：在我看来，哲学的就业前景是既"窄"又"宽"的。说它窄，是因为需要专门从事哲学研究的人毕竟是少数；说它宽，是从历届哲学毕业生的就业情况来看，他们广泛地适合于党政机关、教育机构和企业单位的行政岗位。相比那些实用性强的专业，哲学毕业生的广泛适应性反而使其就业状况更少受市场需求的影响，这也算是其就业前景上的一个优势吧。

那么什么样的人群适合学习哲学呢？就我自己的体会而言，选择哲学专业的人最好具备以下三大特点：第一，对理论思考有强烈的兴趣，对有关人生、社会和世界的终极问题有很强的求知欲，希望能够寻找答案的人；第二，比较擅长概念思辨和逻辑推理；第三，打算从事哲学研究工作，或者即使不打算以哲学为业，仍希望通过哲学的学习提高自己的思想能力。之所以强调以上三个特点，是因为学习哲学是有一定难度的，哲学的殿堂并非可以轻易地"登堂入室"，要想真正学好哲学，就需要具备一定的主体条件。我们应对自身的特点有一个客观的评估，搞清楚自己究竟是否适合学习哲学，最后才能做出正确的选择，才不会浪费宝贵的四年大学光阴。

以上就是我跟大家分享的有关哲学专业的内容，但愿能对大家即将选择和填报高考志愿有所帮助。

科普进一步 | 荐读

对于想了解哲学的初学者，我推荐两本读物：一是内格尔所著《我的第一本哲学书》，该书以非常精简的篇幅，围绕着对9个问题的回应而展示了哲学思考的乐趣；二是艾德勒所著《大观念》，本书将古今哲学思考的主题概括为52个大观念，通过谈话方式和深入浅出的讲解，带领读者走上一条体验哲学智慧之途。

高考前后,选择一份合适自己的专业,为新的学习阶段开一个好头,是学生和家长共同的心愿。那么,面对名目繁多的院系专业,该如何考量呢?

播出时间|2018年5月17日

主讲专家|重庆大学人文社会科学高等研究院讲师 吴 娇

本科专业选择经验分享

大家好,我是吴娇,来自重庆大学人社会科学高等研究院,所学专业属于中国语言文学学科。今天想通过自己的求学经历,为即将参加高考的同学提供一些专业选择方面的参考。

本科时期,我主修英语语言文学,辅修汉语言文学,这两个专业都是语言文字类的,搭配在一起学习,可以极大地锻炼自己的语言能力,从长远来看,还是很受益的。英语语言文学专业的学生,毕业时在英语听说读写方面的水平是要高于其他专业的学生的,并且在大二大三时,会学习一门第二外语,一般可以选择日语、法语、德语、西班牙语等。英语语言文学的学生可以免修大学英语,也不用参加大学英语考试,但需要参加专业英语四级和八级的考试,从目前的情况来看,国内高校的非英语类硕士和博士的学习计划中,能提供专八证书的学生同样可以免修大部分的研究生英语课程,也就是说,本科就读英语专业,不仅能打好英语基础,还能为以后的学习减免一些课程。本科毕业时,我身边的同学大致有升学和工作两种去向,升学的同学一般选择英语文学类、翻译类或是其他非英语的人文社科类专业,工作的同学选择教师、出版社和行政类职务较多。

以上是英语语言文学作为本科专业的情况,现在简单谈谈汉语言文学作为本科专业的情况。就我所在的北京师范大学而言,她的文学院是全国数一数二的大院,学术实力非常雄厚,为本科生开设的课程大致有中国文学史、外国文学史、古代汉语、经典阅读、文艺学、比较文学等课程,学生在学习期间需要大量阅读甚至背诵古今中外的经典著作,撰写大量的论文,能够极大地锻炼汉语写作能力,对于今后走上工作岗位是非常有帮助的。汉语言文学专业的学生在本科毕业时,多会选择继续深造,但基本不会出中国语言文学学科大类,如古代文学、现代文学、语文教育、儿童文学,甚至科幻文学等,参与工作的学生多会去学校或出版社,或者参加公务员考试,相比于其他专业的学生,经历了汉语言文学专业训练的学生在申论写作上还是有一定优势的。

总体看来,无论是英语语言文学还是汉语言文学,其优势和劣势都是一致的,那就是都属于基础训练类,而专业性不强,相比于理工科和艺术类专业,文科类专业主要锻炼的是学生对于语言文字的敏感性和熟练度,这一点是无论哪个专业、哪种工作都必备的能力,只要你对语言学习感兴趣,爱好阅读与写作,那么无论文理,这两个专业都是不错的选择。

科普进一步 | 荐读

随着通识教育观念的逐渐流行,国内有一些高校也开始开设书院式的博雅教育,即学生进校后统一学习,一至两年后再自行选择具体的专业方向,给学生充分的选择时间。无论如何,选择一个自己喜欢且有一定了解的专业或院系,并且坚持下去,最终都会有所收获的。

抖音短视频的火热,也让研究该现象的学科——新闻传播学火热起来。谈到新闻传播学,一般人还会认为就是传统上从事记者、编辑或广播电视台的工作人员的工作内容。但随着微信、微博、抖音短视频等新媒体工具的出现,新闻传播学研究范式发生了很大变化,该专业也成了热门专业。那么新闻传播学到底是一个什么样的专业?

播出时间|2018年5月24日

主讲专家|重庆工商大学艺术学院院长、教授　殷　俊

新闻传播学是什么样的专业

伴随着互联网的高速发展,新媒体的兴起,新闻传播学类专业成为热门专业。然而,大家对于新闻传播学类专业有多少了解呢?下面我结合自身的实践,就新闻传播学类专业为什么热? 新闻传播学类专业是什么和新闻传播学类专业学什么? 三个问题和大家做一个分享:

1.传播学专业到21世纪为什么热?

第一是它适应了社会的需要。在信息时代,人与人之间,人与群体之间,人与社会之间都是需要信息的传播。尤其现今处于碎片化传播时代,短视频传播正流行,我们需要有一双慧眼去辨别什么是真的信息,什么是能够符合我们自身需要的信息。

第二就是移动互联网当中,大量的信息爆炸,大量的信息泛滥,面对大量的信息,新闻学类专业能够帮助我们抓取和获取有用的信息,发现事物的本质。

2.传播学类专业是什么呢?

其最重要的专业特点就是对新闻信息规律和传播规律的把握,对世界真相和事实的进一步确认。世界的真相和本质只有一个,新闻传播学的本质就是无限靠近、接近和揭示出世界传播的真相。这便是新闻工作者的本领和本质。

小时候,我父亲是一名中学老师,同时他也是成都多家报社的通讯员和特约通讯员。他又非常喜欢摄影,拍了不少新闻作品。他也非常酷爱写作,写了不少通讯作品。从那个时候开始,我耳濡目染,爱上了写作,也爱上了摄影。父亲带着我去川大的时候,当我看到川大新闻系,我便跟父亲说道:"我长大了,我一定要考上川大新闻系。"结果我如愿以偿。兴趣是最好的导师,我们在中学时代乃至在小学时代,我们应该更早地立志,我从小就笃定要坚守新闻传播学类专业,所以我在四川大学本硕博,我都选择了新闻传播学类专业。我工作以后,在市委宣传部和中共中央宣传部,在做着新闻传播学的管理工作。随后我在中央电视台在福建的广播影视集团工作,也是在做新闻传播学的相关工作。最后,我来到了重庆工商大学,创办了长江传媒学院。这便是教新闻。所以绕着学新闻、管新闻、做新闻和教新闻,形成了一个一整套的圆环,这个圆环是不封闭的,因为一生都在这个圆环中不断地学、不断地做、不断地管和不断地教。

3.传播学类专业学什么?

按照教育部的本科学位目录,新闻传播学类专业包括新闻学、传播学、编辑出版学、公共关系学、广播电视学、广告学和网络与新媒体等专业,这些专业的所学本质上是一样的。但是依据学习的不同特点和媒体不同属性的归类,也有不同的方面。我的建议就是在学习不管新闻传播学类的哪一个专业,我们的视野都应该是全球化的。我们的学科视野都应该是在新闻传播学一级学科当中的。比方说,我是学新闻学的,它建构在中国特色的社会主义的新闻学理论上,跟中国共产党的发展是息息相关的,而且一直在马克思主义新闻观的指导下。

在20世纪初叶传播学进入中国以后,新闻学本质上也跟传播学产生一些融合,也借鉴和使用了一些传播学的理论,传播学的范式。我们在整个学习当中,我们的目光都应该是世界的。我们的眼光都应该是站在一级学科这样的学科高度的。

科普进一步 | 荐读

如果你想对"传播学"了解更进一步,"社科5分钟"推荐你阅读《传播学入门》。这是由陈力丹、陈俊妮著作的传播学基础入门书,主要从自我传播、人际传播、组织传播、大众传播和跨文化传播五个角度对传播学的传播方式进行社会化解读,通过生活具体内容形式进行传播学知识分析,在读者熟知的生活形态中实现传播学认识和理解。另外,陈力丹教授的另一大学生基础教材《传播学教程》,也是值得初学者学习的。

莎士比亚是人间的一个奇迹。他穷形尽相地描述世界,展现世界的纷繁复杂、多姿多彩,四百年来数不尽的学者、专家和读书人、思想者都在思考,为什么他有如此无穷无尽的魅力。在这样的情况下,儿童如何走进莎士比亚,有没有一条切实可行的道路呢?我告诉你:这套音频绘本合一"给孩子讲莎士比亚"丛书可以引人入胜,让你的孩子流连忘返,领略莎士比亚艺术醉人的风采和迷人的味道!

播出时间 | 2018年5月31日

主讲专家 | 西南大学莎士比亚研究中心主任

　　　　　重庆莎士比亚研究会会长　　　　　罗益民

　　　　　中国莎士比亚研究会副会长

儿童如何读懂莎士比亚?
——从电子工业出版社音频绘本合一
"给孩子讲莎士比亚"谈起

　　莎士比亚是人间的一个奇迹。莎士比亚文学为什么拥有如此经久不衰的魅力。他穷形尽相地描述世界,展现世界的纷繁复杂、多姿多彩,他的才能、眼光,看问题的深度、广度,表达的能力,迄今没有一个人在总体上超越了的。至于为什么,这是四百年来数不尽的学者、专家和读书人、思想者在思考的问题。您也可以通过了解、阅读和走近莎士比亚,来完成这个答案! 四百多年过去了,最为经典的概括他的伟大的话有两个人说过。第一个是他的同行剧作家本·琼森,他说莎士比亚"不会人走茶凉,必将万古流芳",他说莎士比亚是"时代的灵魂""美丽的天鹅"(天鹅是用来指最伟大的诗人的,现在说天鹅,就是指莎士比亚,是对他的特称),另一位是德国的大诗人歌德,他说莎士比亚是"说不完的莎士比亚"。事实上,这二人的概括,也没有说出莎士比亚为什么天长地久、魅力无穷。

　　莎士比亚文学无疑是外国文学中的精品,有人认为孩子越早接触相关作品越好,有人觉得孩子吸收有难度,但孩子从小接受莎士比亚文学是有好处的。

文学是艺术。个人的天资不同,理解、欣赏和吸收的程度也不同。这套丛书,是引领孩子向莎士比亚靠近,了解莎士比亚,是一个旅游和观赏莎士比亚的指南,并非直接接触莎士比亚的作品。正因为接受和吸收莎士比亚的全部美与思想有难度,才编辑了这个以图画为背景,以文字为辅助,以音频为延伸的丛书形式,目的是让孩子知道大致的莎士比亚是什么样的风采,什么样的味道,什么样的美,正如没有登泰山爬长城,需要听说泰山如何险峻风景迷人长城如何雄伟如何壮观一样,就是在莎士比亚自己的祖国,孩子们也给提供了兰姆姐弟的20个莎士比亚故事,让他们了解莎士比亚,以便他们以后阅读、观看和掌握莎士比亚,有个预先的准备,我们的工作跟兰姆所做的是一样的。

至于莎士比亚的好处,读、听、了解的这个过程,就是好处。在看风景的过程中,要跋山涉水,历尽艰辛,这个过程中就包含了风景。正如在第一个问题的回答中提到的,莎士比亚的美,包含说不完道不尽的人世间的话题、道理、故事,他的人物各色纷呈,有谦谦君子,有山野莽夫,有痴情公子,也有薄义郎君,有哈姆雷特那样的孝顺儿孙,也有李尔王的大女儿和二女儿那样的不孝孽障,有悲情的奥赛罗,也有令人捧腹的福斯塔夫爵士,有口才惊天地泣鬼神的哈姆雷特,也有悭吝狡黠的伊阿古,不仅如此,莎士比亚的语言,简直就是一个无穷无尽的宝库,能学到他九牛一毛,也是收获满满的,启发多多的。我以为,最好是不要先问有什么好处,过程就是好处,莎士比亚的好处,需要自己去体会,那才是实实在在的收获。我曾经说过了解莎士比亚的七大好处,那个可以是一个指南,但最终,您自己的答案才是最可靠的、最实在的。

家长在为孩子挑选莎士比亚译本时,常担心外国名著被翻译之后就失去了原汁原味,"给孩子讲莎士比亚"系列儿童绘本是如何避免这个问题,如何保留了文学的精华又让孩子非常感兴趣地去阅读的呢?客观地说,不论多么高明的翻译,都和原作隔了一层,读翻译,怎么也是隔靴搔痒,隔岸观花的事情。我主编的这个系列故事丛书,也避免不了这样的情况,更何况是转述和改写的形式。但正如翻译是一种万不得已的方法,不论什么样的翻译,都能在一定程度上让读者领略到原作部分的风采,转述和改写,事实上也是一种类似翻译的办法。我们在编写这些故事，给它们配画、配音的时候，当然要尽量传达原作的精神、意思和神韵的。我们首先阅读莎士比亚的戏剧原本，然后抓住莎士比亚戏剧的主要情节，由于故事的情节本身的核心，所以主要情节是至关重要的，然后就是把握故事的语言。在这一点上，我们特别注意到语言的流畅、生动，怎样才不伤害莎士比亚的原意，也符合中国读者尤其是小朋友的口味，在语言方面，我们反复阅读，反复琢磨，尽力表达出，读得通，读得流畅，读得美的形式，让读者和孩子过口难忘，过目成诵，过耳难忘。在这些把握好后，文字成了，就给画家拿去理解，配上画，反馈回来，看文字与画的配合程度，并且互相提意见，争取做到珠联璧合，融为一体，最后，再放到录音棚进行音频制作。虽然，我们尽心尽力，成功是有赖于多方面因素的巧妙配合的，只要小读者们喜欢，就在一定程度上算是成功了。至于莎士比亚本身是什么样子，去看这套丛书的英语译本，可能有另外一番风景。

科普进一步 | 荐读

　　罗益民老师的解说是不是让你知道了走近莎士比亚的一个生动有效的办法呢？莎士比亚已经在英美世界家喻户晓，美国的中学生会读八个莎士比亚的剧本。在18、19世纪之交，英国作家兰姆姐弟就为孩子编写了20个莎士比亚剧本的故事。小朋友如果想走近莎士比亚，可以阅读罗老师主编的"给孩子讲莎士比亚"绘本音频丛书，第一辑包括十个剧本，以后还有另外十个剧本，有四大悲剧四大喜剧特辑，有二十本合集，有拼音本"让孩子读莎士比亚"八种以及由 Royal Collins 出版集团出版的英译本，它们可以成为你认识莎士比亚的神器，让你轻松地感受莎士比亚的魅力、领略莎士比亚的风采。

女孩应该是什么样呢？女孩不应该是一种样子，充满生命力的多样才是每一个女孩可爱的模样。儿童早期阅读会在无形中塑造他们看待世界的眼光和价值。那么，从性别认知的角度来看，你可能需要一些多样性的人物形象来支持孩子的早期阅读。童话里，女孩也并不只是公主，她们也可以多样选择自己的人生。

播出时间 | 2018年5月31日

主讲专家 | 重庆第二师范学院学前教育学院教师　江　雪

独立自主，公主不是女孩的唯一

大家好！我是江雪。相信很多朋友都听过童话中王子和公主的故事吧！睡美人睡在满是荆棘的城堡里，等待王子披荆斩棘来吻醒睡美人。莴苣姑娘孤独地坐在高塔上，等待王子的到来将自己从巫婆的手中拯救出去。在传统的民间童话里，似乎，所有的公主都是柔弱地等待着王子的拯救。

可是，朋友们，你们知道吗，在很多童话里面，也有许多女英雄，展现着自己光芒万丈的魅力。请大家和我一起，走进赋予女孩更健康、积极、勇敢特质的现代文人童话中。

我们常常把白雪公主、睡美人、莴苣姑娘这些等待王子拯救的女性形象看作温柔也符合传统的女性形象。她们共同的描述词往往是：美丽、善良、可爱、温柔，对王子一见钟情，拥有了幸福结局。但如果童话中的女性都是这个模样，或者说在当前的时代里我们给孩子们读的童话，里面的女性还总是一个模样，那就离我们现在的生活太过遥远而模糊。这也只给了孩子们关于女性的一个标准。而生活在现代的我们，以及生活在当下的孩子们应当是有多样选择的。

我们熟悉的安徒生的童话《海的女儿》《拇指姑娘》《野天鹅》《冰雪皇后》中的女主角各自的性格都非常分明，同时又积极主动地选择自己的人生，努力地追求自己的幸福。

《海的女儿》中看上去还是讲的王子和公主的故事，但是从小美人鱼开始主动去追求王子开始，她已经将自己的命运握在自己的手上，主动地选择自己的人生。最后，面对姐姐们牺牲珍贵的长发换来的剪刀，小美人鱼也并没有将它插入另娶她人的王子胸口。她选择了跳进海里，成为泡沫。得不到是痛苦的，牺牲也是痛苦的，但是小美人鱼坚信着爱不是个人违逆对方意愿的占有，也不愿意别人为了自己的爱付出生命的代价。人生没有绝对的圆满，小美人鱼也没有和王子幸福快乐地生活在一起，但她却坚守着自我的追求和价值，最终获得了她所希望的永恒的灵魂。这个女孩儿是强大的，敢于为自己的选择负责，愈发在艰难的个人利益选择中显示出她的善良和坚定的内心。

《野天鹅》中的公主为了拯救哥哥们在野外流浪。她忍着疼痛不发一言地不停编织衣裳，最终面临爱人和百姓的误解也依然不停手。百经磨炼，公主终在千钧一发之际将衣服编制完，救了六只变作了野天鹅的哥哥们。虽然她也是一位公主，但这位公主不再是等待王子将自己从困境中救出来，而是依靠自己的毅力去拯救自己的王子哥哥们。她的坚韧、机智和为亲人而牺牲的决心，让这个女孩拥有了不同于一味等待着别人呵护的温室中的花朵。

《冰雪皇后》里的平民少女格尔达骑着驯鹿，一路艰难跋涉，终于抵达北极。她从法力强大的冰雪皇后的手里救出了迷失心智的青梅竹马——男孩加伊。格尔达的勇敢、坚强和温暖的爱是感化加伊心中玻璃的关键，使他重新回到温暖人间。

朋友们，你们看，安徒生在他的童话里书写了各种各样的女孩。最关键的是，他认可了这些女孩除了温柔美丽、身份高贵以外的其他特质，认可她们不再只是等待被王子吻醒的命运，并且大加赞扬，肯定她们的魅力与价值。

除了安徒生笔下书写的风采各异的女主角，还有很多其他文人创作的童话也给予女孩更多的尊重，呈现更加多样的性格。

罗大里的《不肯长大的小泰莱莎》中，小泰莱莎是一个固执的姑娘。她因为年幼时父亲作战牺牲而无法理解成人世界，拒绝长大。但是，当家中惨遭变故时，小泰莱莎改变了自己固执的想法，要长大一点点去承担家中的经济重责。当村子来了强盗时，全村的男人都躲在屋子里。作为一个少女的小泰莱莎却变成了巨人制服了强盗，拯救了全村人。看上去这是一个脾气不好，固执,想法变来变去的女孩。但是,我们会看到这个女孩在天真固执背后对家庭和村庄深深的爱。

弗兰克·鲍姆的《绿野仙踪》中,多萝西被风吹到陌生的地方,靠着自己的聪明和勇气感染了同行的小伙伴,寻找到了回家的路。

米切尔·恩德的《毛毛》中,毛毛是一个孤儿,穿着破破烂烂,在花时间耐心听每一个人的唠叨。也是她将全城的人从坏人"灰先生"手里拯救回珍贵时间。

玛丽·诺顿的《借东西的小人》中,埃瑞阿蒂是一个安抚比自己高大几倍的生病男孩的小女孩儿。

林格伦的《长袜子皮皮》中,皮皮既不是一位美丽温柔的少女,也不是一个身份高贵的公主,她甚至连两只袜子都穿得不一样。可是,她自信、积极,任何时候都相信自己可以做到。

最有意思的是法国博蒙夫人的《美女与野兽》,则完全由王子拯救公主的模式转变为"公主"拯救王子的模式,显示出女孩也可以成为拯救者、英雄的可能性。

在这些童话中的女主角,她们的身份更加多样化了,不再只是单一的高贵身份了。她们有的确实是公主,但有的也只是一个普通人家的少女;有的是村子里的姑娘,最后也没有嫁给国王;有的甚至是无父无母的流浪儿……

多样化的身份,多样化的人生选择,丰富了童话世界的女性形象,也为读者打开了更加广阔的童话天地。从童话开始就告诉孩子们,即使是公主也可以有选择拒绝王子,追求自己的人生幸福的权利。从童话开始就告诉孩子们,女孩子和男孩子一样,也可以是多样的性格,也可以成为生活中的英雄,光芒万丈。

科普进一步 | 荐读

深受孩子们喜爱的迪士尼动画《冰雪奇缘》实际上就改变自安徒生的童话《冰雪皇后》。迪士尼将《冰雪皇后》中被冰冻住了心的加伊改编为艾莎公主的形象,让安娜公主继承了《冰雪皇后》中格尔达找回被冰雪冻住心的加伊时的勇气和智慧。迪士尼将小男孩和小女孩的纯真情感改写为两姐妹的勇气、智慧互助,具有现代意义。

高考是对学生综合能力的全面考察。当今时代的高中生，关注时事既是考试的需要，也是新时代新人才的题中应有之义。具体到考试，可以听一听"过来人"的经验之谈。

播出时间 | 2018年6月14日

主讲专家 | 重庆市社科联规划评奖办主任　唐旺虎

中学生如何关注时事热点

大家好，我是来自重庆市社科联的唐旺虎。一年一度，万众瞩目的高考刚刚结束，关于高考的种种话题实在太多太多。这里我给大家分享一下与中学生以及高考有关的时事热点这个话题。

中学生，尤其是已经参加高考和即将参加高考的中学生，处在十分重要的人生关口。如何准备高考，如何千方百计地取得好成绩，直接事关下一阶段我们的人生朝着哪个方向走的大问题。虽然高考并不是决定我们人生道路的唯一选项，但如果考出了好成绩，至少我们算是较早拿到了一张比较优质的人生"入场券"，在接下来的人生道路中可能在很多方面占得先机。

但如何考出好成绩，这是一个大话题。我今天要跟大家分享的只是其中一个，既与成绩有关，也许并无太大关联，但我相信：它一定与我们的人生质量有关，那就是时事热点。

说它与高考有关，大家都知道，政治类考题中，一定会有与时事热点相关的内容，而且分值不小；语文等学科中自然也是少不了与时事相关的话题。今年多个省份的语文作文题中都直接或间接涉及了与时事热点相关的内容。如果这一块我们掌握得好，无疑有助于拿高分。说与高考并无太大关联，是说对于今天的中学生来讲，关注时事热点，不单单是为了应付考试，而是应该着眼于个人人生及国家民族发展大计来看待。

今天的中国，正处于实现中华民族伟大复兴中国梦的历史征程中，纵观国内外形势，无论从哪个角度看，无不风生水起，波澜壮阔，这是一个十分精彩，也是十分出彩的时代。身处这样一个伟大时代的中国中学生,有没有关心"天下大事",具不具备世界眼光,事关未来我们的民族是否具备大国国民素养,事关我们的民族梦想能否破茧成真。为什么这样说,在我看来,关心时事热点,一是可以培养我们宏观和战略思维能力,二是可以开阔眼界而知天下大势,三是帮助我们明辨是非而理性面对人生。

既然有这么重要的意义,那到作为中学生,我们应该如何去关心关注时事热点呢?我个人认为可以从以下几个方面来着手。

一是直接看新闻。在目前这种信息化相当发达的条件下,获取新闻的渠道当然很多,关键是看在什么时段、哪种方式和渠道更适合。在新闻的获取渠道上建议大家尽量关注主流的或者公认的重要媒体,尽量不要把朋友圈之类的渠道当作主要渠道。

二是要深挖新闻背后的逻辑和道理。也就是说在知道发生了什么之后还要发挥我们的主观能动性,通过理性分析、理论探讨,知道其背后隐藏的学科规律,如政治学、国际关系学等方面的规律,虽然对中学生而言这个有点高深,但是只要结合具体事件和热点,理解起来并不是很难的事。这一点建议大家多看看一些新闻网站或者报纸杂志的评论类的文章,如《人民论坛》《环球时评》等。事实上很多媒体平台现在都有这方面的栏目。建议大家尽量选取比较权威的媒体,看一些比较权威的专家评论。

三是开展时事热点讨论。对大家关心的一些时事政治,或者热点事件,可以在相关的课堂上跟老师、同学进行交流讨论,或者跟家长、朋友进行探讨,甚至在参加一些社交活动的时候可以主动参与相关话题的讨论,久而久之,一方面会不断提升自己关注时事热点的兴趣,另一方面也可以培养自己独立思考、独立判断的能力。

当然,不管是哪方面的学习,最重要的一条还是在于坚持不懈,持之以恒。因此,这里有一幅蒲松龄的名联送给大家,与大家共勉:有志者事竟成,破釜沉舟,百二秦关终属楚;苦心人天不负,卧薪尝胆,三千越甲可吞吴。

科普进一步 | 荐读

关心时事热点应重在日常。大家在学习之余，坚持养成每天看新闻的习惯，尤其是时政新闻。同时，中宣部近年来每年坚持编写《理论热点面对面》，推荐大家阅读。这是一个权威、全面、通俗易懂的时事普及性读物，通过阅读，可以让我们更全面、更深入地掌握和理解重大时事，同时也有助于提升我们的理论水平。

高考作文跟儿童哲学启蒙能有什么关系？但2018年重庆的高考作文题,讲了一个需要有严密的逻辑推理和独立思考才能读懂的故事,也给考生们出了一道蛮"烧脑"的作文题目,同样需要考生有较好的逻辑推理能力才能够写好该作文,这就引出了儿童哲学启蒙的话题。

播出时间 | 2018年6月14日

主讲专家 | 重庆社会科学院　胡　波

从高考作文谈儿童哲学启蒙

大家好,我是哲学专业的胡波,来自重庆社会科学院。今天想跟大家分享的是儿童的哲学启蒙这个话题。

说到儿童的哲学启蒙,人们一般会觉得挺玄乎,怎么可能让儿童学懂哲学呢！的确,如果是让儿童直接学习哲学家们提出的那些哲学概念和理论,这通常是没有可能的。但哲学启蒙还可以有另一种意思,即学习和培养一种高度健全的、合乎逻辑的理性思考,这样的哲学启蒙不仅可以从儿童开始,而且最好是从青少年时抓起。

说到健全的理性思考,我们先来看今年重庆高考作文题中讲到的这样一个故事:"二战"期间,为了加强对战机的防护,英美军方调查了作战后幸存飞机上的弹痕的分布,决定哪里弹痕多就加强哪里。然而统计学家沃德却力排众议,指出应该更注意弹痕少的部位,因为正是这些部位受到重创的战机,较少有机会可以返航,所以这些部位才更应该得到加强。事实证明,沃德是正确的。

在这个故事中,统计学家沃德之所以能够想到"别人之未想",首先就得益于他比别人更严密的逻辑推理能力。幸存的战机之所以能够返航归来,表明它们被炮弹攻击的部位尚有较强的防护力,相反,那些未能返航的战机,可以推测它们是其他部位遭到了攻击,而且还可以进一步推断,这些部位的防护力是比较弱的。因此结论就是,不是弹痕多而是弹痕少的部位,更应该加强防护。沃德的推论无疑是正确的,他之所以能够比别人看问题更正确和深刻一些,而不为表面的经验现象所蒙蔽,正是得益于他的严密的逻辑推理能力。

进一步来看,沃德之所以能够不人云亦云、盲目附和,而是力排众议、提出与大家不同的意见,这又得益于他的独立思考。独立思考不仅是一种态度,更是一种能力,哲学家康德将这种能力称之为"独立地运用自己的理智进行思考"。独立思考不是不着边际、不讲逻辑的胡思乱想,而是指合乎逻辑的理性思考,这只有在长期的学习和训练中才可能培养起来。有的人也想要独立思考,但由于长期养成了听从权威的习惯或一种从众心理,因此事实上很难做到真正的独立思考。

那么怎样开展以培养理性思考和逻辑推理为重点的儿童的哲学启蒙呢?针对儿童年龄小、心智尚未发展健全的特点,我认为需要做到这样八个字:寓思于事,潜移默化。儿童识字不多,概念思维能力有限,给他们讲抽象的大道理效果不佳,这就特别需要结合具体事例来开展思维训练。可以经常给孩子讲一些有助于启发他们思考的故事,比如今年高考作文题中的故事;更可以在日常生活中,结合身边事情来鼓励、激发和引导孩子多动脑、多思考。如此久而久之,一定会有助于儿童理性思维能力的提升。

最后说一下儿童哲学启蒙的重要意义。培养孩子的逻辑推理能力,不只是为了应付考试等这类的目的,更重要的意义还在于:通过哲学启蒙,有助于孩子养成正常而健全的理性思考,培养起尊重事实和逻辑的基本素质,长大成人后才有可能杜绝扭曲和泯灭良知的诱惑,努力做一个合格的现代文明人。所以家长朋友们,要想让你的孩子具有较强的理性思考能力,从小注重孩子的哲学启蒙无疑是一个不错的选择。

科普进一步 | 荐读

听了胡波老师讲儿童哲学启蒙的重要性,年轻的父母们是否被触动了呢?要给自己的孩子进行哲学启蒙,选择一套品质上乘且比较系统的少儿哲学读物就是非常必要的。这里推荐由广西师范大学出版社出版,两位法国人撰写的《写给孩子的哲学启蒙书(套装共6册)》。该丛书回答了八岁以上的青少年提出或思考的关于人生的重大问题,所有的哲学思想都融化在一个个的小故事中,还配有精美的插图,将潜移默化地影响小读者们的思想和行为。

"小猪佩奇身上纹,掌声送给社会人!"什么是"社会人"？什么是"社会"？什么是"社会现象"？有一个分析千奇百怪的社会现象的专业就叫"社会学"。社会学是什么专业？社会学类专业包括哪些？我适合学这个专业吗？做决定前,我们要了解清楚这个专业。

播出时间 | 2018年6月21日

主讲专家 | 重庆科技学院社会学博士/副教授　程鹏立

高考填志愿——社会学类专业

大家好,我是社会学博士,程鹏立,来自重庆科技学院。

又到了每年高考填志愿的时候了,今天我们也来聊一聊,高考填报志愿的事情。最近网上有这样一则新闻,标题是"志愿填报咨询,现天价收费一次5万"。为什么会出现这种现象,背后的原因是什么？当我们把这种社会现象,作为研究对象时,就涉及了大学的一门专业,叫社会学。今天我们就来说说,社会学类专业。

在中学阶段,我们习惯把学科做一种简单的分类,分为文科和理科。高中的时候,我们就要选择是学文科还是学理科,当然现在也出现了一种不分科高考的趋势。在大学阶段,我们一般不这么讲。一般分为自然科学和人文社会科学。自然科学包括,理科和工科,人文社会科学包括,人文学科和社会科学。一般来讲,文史哲专业属于人文学科,社会学经济学政治学等,则属于社会科学。

社会学专业属于人文社会科学中的社会科学。社会学类专业,主要包括社会学,社会工作等专业。通俗地讲,社会学就是研究社会的科学,有的人说社会学的研究对象是社会现象。社会学运用科学的方法研究人类社会,让我们更好地认识社会,并促使社会朝良性循环的方向发展。学好社会学,能让看社会问题,分析社会现象更加深入、透彻、专业。对于社会现象的变化也更加敏感。所谓社会学的科学方法，主要是社会调查。社会调查，可是社会学一门重要的功夫。无论是政府机关，商业公司，做决策前都需要进行充分的调查。社会调查主要包括参与观察，实地调查，问卷调查等等，如果说理工科的实验室，是在室内。那么广阔的社会，就是我们的实验室。经常出差到不同的地方进行社会调查，是多么有趣的事情啊。除了方法之外，社会学理论更有用，学好社会学理论，能让人视野开阔，形成独特而有深度的见解。发现一个社会问题，或社会现象，用社会学的理论、思维去分析，形成自己的看法和思考，是不是一件让人特别满足的事情啊！就连和别人聊天，别人都会觉得你聊天的水平很高。京东的老板刘强东，做得这么出色，也许和他学社会学专业出身有关呢。

　　说了这么多，也许你对社会学，比较感兴趣，这是一个好的开端，兴趣是最好的老师。那么哪些人适合学社会学专业呢？和其他专业一样，社会学对人的秉性也有一些要求。比如你对社会现象充满了好奇心，喜欢探索不同的文化，你具备一定的抽象能力，喜欢读书，那么，选择社会学专业，你将不会后悔。社会学偏重对社会现象的理论分析和研究，社会工作是一门实践的专业。它也是社会学类专业中的一门重要的专业。他侧重利用所学的知识和方法去解决问题，去帮助别人，特别是弱势群体。想要具体了解社会工作专业，建议大家，去查看社科五分钟的公众号，2017年12月21日的一期节目，名字叫，《你认识社工吗？》

科普进一步 | 荐读

　　社会学入门读物我推荐北京大学社会学系邱泽奇教授的《社会学是什么》。该书通俗生动，是相当难得的社会科学普及读物。其实，这本书所属的丛书《人文社会科学是什么》是提升人文素质的优秀系列读物。

高考填报志愿,是每位学生和家长关心的大事。我想说的两点是:第一,选孩子喜欢的专业,而不是家长认为好的专业;第二,其实在本科阶段,专业的重要性并没有我们想象的那么大。

播出时间 | 2018年6月21日

主讲专家 | 重庆科技学院工商管理学院教授　胡伟清

经济学专业学什么?

高考已过,马上面临的就是填报志愿。而填报志愿时,不少家长对大学里的专业,其实是不太了解的。这一方面可能是因为家长本身就没有受过高等教育,另一方面,即便是家长受过高等教育,也因为"隔行如隔山",不可能对每个专业都了解。更重要的一点是,家长喜欢的专业,不一定是孩子喜欢的专业。

今天,我就介绍一下"经济学"专业。

首先要说的是,经济学学什么?

这是一个大问题,我还是分具体和抽象两个层面来说。首先说具体的,"经济学"这个大类下面,有哪些小的类别或者说专业。

我们常常说的"经济学"专业,是老百姓所说的,其实,在教育部的专业目录里,经济学是一个大的门类。根据新的专业目录,在这个大的门类里,又分了四个小类别,分别是经济学、财政学、金融学、经济与贸易,而在每个小类别下,又分了若干个专业。

我没有时间来一一介绍,有兴趣的家长和孩子,可以上教育部的官方网站,查找相关资料。但不管是哪个小类别,要求学习的主要课程有政治经济学、微观经济学、宏观经济学、计量经济学、国际经济学、金融学、财政学、统计学、会计学等。

再说抽象的。经济学,是研究人们的经济行为的。而人们的经济行为,一般可以从以下视角来研究,第一个视角是成本-收益的视角,就是做一件事,需要付出什么，能够获得什么。

第二个视角是约束条件-主体目标的视角。经济学把行为主体分为个人、企业、政府、团体，每种主体的目标其实都可以表达为利益最大化，只是表达方式不同而已，个人是效用最大化，企业是利润最大化，政府是经济增长与经济稳定的最佳平衡，团体是团体利益和成员利益的充分协调。

而约束条件，就是你在考虑目标的时候必须面对的情况，比如有没有钱，有没有人，等等。为什么张三能办成的事李四不能办成，就是因为约束条件不同。

现在谈经济学如何学。

我常常说，经济学是一门"善解人意"的科学，掌握了经济学，我们能够更好地理解人的行为，理解人生，理解他人，理解社会，理解政府。但要学好经济学，却并不容易，它需要以下三方面的基础：第一是数学基础，因为现代经济学运用数学的程度越来越深；第二是人文科学基础，这样可以增进对人的理解，毕竟经济学从根本上说是研究人的经济行为的。而在人文科学里，我觉得最重要的是历史，特别是经济史。

学习经济学一定要结合实际问题来学习。这里的实际问题，既包括现实问题，比如身边的人和事，新闻报道的事件，也包括历史中的事件。

如果学会了这样去学习，那你一定会觉得经济学是非常有趣的一门学科。有个名词叫"经济学帝国主义"，意思是说，经济学家可以"抢夺"别人的饭碗，因为用经济学可以分析几乎所有的问题，政治的、经济的、文化的、社会的、军事的、外交的，甚至生物的。想想看，如果能够做到这点，你是不是就具有了一双明察秋毫的慧眼啊。

最后谈一谈学了经济学能够干什么？说得更加接地气一点，就是出路有哪些？

其实无论学什么专业，本科教学的首要目的是培养通用才能，专业是次要的。欧美绝大多数大学都是实施的通识教育。所谓通识教育，根据通识教育的鼻祖，英国教育学家、教育家纽曼在《大学的理念》一书中的观点，就是"培养有教养的人"。

所以，本科教育最重要的，不是专业。专业是研究生阶段的重点。但既然分了专业，我还是谈谈经济学专业毕业后的出路，大体有三条：

第一，进一步深造。经济学属于社会科学的基础学科之一。清华大学经管学院院长钱颖一先生认为，社会科学有经济学、社会学、政治学、心理学。像法学、管理学等，属于应用学科，哲学、历史、文学等，属于人文学科。

既然属于基础科学，就有点像自然科学里的数学、物理学，大学本科所学的东西，毕竟只是一点皮毛而已，因此，进一步深造是较好的选择，也就是继续读硕士、读博士。

而如果你不想继续深造，那就工作。经济学专业毕业的学生，就业的优势和劣势都很明显。优势是，经济学是个"万金油"，很多单位、很多岗位都需要，比如说到研究机构、咨询机构做助理，到报社当财经记者，到企业做经济统计分析，等等。

劣势呢，还是因为经济学是"万金油"，不像机械工程、软件工程等工科专业，也不像心理学、法学等文科专业，对象不会很具体，因此，用人单位对经济学专业是"可用可不用"的。

第三条路就是自己创业了。虽然我本人并不太赞成大学生一毕业就创业，但毕竟也是一种选择。作为经济学毕业的学生，至少在对项目的评估和市场的把握方面，应该占有优势。

科普进一步 | 荐读

经济学在20世纪成为热门，这是20世纪经济的快速发展所决定的，因为经济问题受到了越来越多的关注，所以经济学和经济学家也会受到了越来越多的关注。

要进一步了解经济学，不妨阅读一些经济学的入门教材和通俗读物，比如曼昆的《经济学原理》，加里·贝克尔的《生活中的经济学》。

"竹林七贤"是中国有名的风流才子,他们七位长什么样,您想知道吗?"我们身边的传统文化"系列,讲述文物故事,触摸传统文化。五分钟,了解一件古物珍宝的前世今生。

播出时间 | 2018年6月28日

主讲专家 | 重庆大学人文社会科学高等研究院讲师　吴　娇

竹林七贤与荣启期画像砖

　　大家好,我是重庆大学古代文学教师吴娇。上一期,我们一起欣赏了描绘曹植与洛神故事的《洛神赋图》,知道这幅千古名画的原作者是东晋时期著名的大画家顾恺之,他的笔触线条细腻优美,所勾勒的衣裳裙摆飘逸俊秀,被归为中国画技法"十八描"之一,称作"高古游丝描",意思是说画家画出的线条像春蚕吐丝一般圆润平滑。可惜的是,目前故宫、辽宁博物馆等地收藏的《洛神赋图》都是宋人的摹本,我们无法亲见顾恺之的线描笔法在纸本上的真迹,不过幸运的是,南京博物院收藏有一件珍贵的文物,虽然不是绘画,却以另一种方式保留了游丝描的笔法,这就是出土于南京西善桥南朝墓葬的大型砖刻壁画"竹林七贤与荣启期"图。

　　为什么说一幅南朝的砖画能保留东晋顾恺之的笔法呢? 它的艺术价值又何在呢? 关键词有三:时间、内容和画面。

　　从时间上来看,西善桥古墓所属的刘宋王朝与东晋相去不足百年,比起宋代的临摹本来说,这幅砖刻壁画要更接近顾恺之生活的年代。出土时,壁画分列墓室的两边,一面墙上各有四人。这幅砖刻壁画是至今已发现的最早的魏晋人物画实物,也是现存最早的竹林七贤人物组图,名列国务院颁布的首批禁止出国展示文物名单之上,是我们了解魏晋绘画的珍贵资料。

　　从内容上来看,竹林七贤里的这七位我们一般是知道的,荣启期是春秋时代的隐士,相传他活了九十多岁,孔子还曾经称赞过他为人高洁、知足常乐。这么看来荣启期的做派与竹林七贤是很像的了。据唐代张彦远的《历代名画记》记载,顾恺之和他的徒弟陆探微都曾画过七贤和荣启期的个人像或群像,而这些曾经存在的画作很有可能就是西善桥古墓砖刻壁画在制作时所参照的粉本。仔细观察便可发现,砖画中的人物线条流畅圆润,没有明显的粗细之分,正是春蚕吐丝之象。

说到粉本,咱们简单了解一下砖刻壁画的制作方法,前面的节目里我们介绍过画像石,是直接在石头上刻画出形象,相应的还有画像砖,是在砖头上绘出彩色的图案,而南京西善桥的这一幅砖刻壁画,是中国出土的第一幅拼嵌砖画。制作时,工匠先将画家的画稿,称为粉本,临摹到木模上,接着在木模上阴刻出花纹,再敷上泥坯,切割成泥砖,最后将一块块的泥坯烧制成青砖,并一块一块地拼接出占据了一整幅墙面的大型砖刻壁画。

从画面上来看,这幅由300多块砖头拼成的壁画高0.88米,长2.4米,画面上八人的造型都极富个性,并能和古籍上的记载相对应。比如嵇康以《广陵散》名世,画中的他正悠然自得地弹奏古琴;阮籍善啸,也就是吹口哨,画中的他就用嘴唇噏着右手的大拇指作吹哨状;阮咸善弹奏,画面中他就正弹着因他而命名的"阮"这种乐器。如此种种,既和文本的记载形成了有趣的对应,又为后世的人们了解竹林七贤提供了更直观的资料。

魏晋南北朝时期是中国画发展的一个小高峰,除了世俗题材的画作,还出现了不少宗教题材的作品,下一期,我们就来一起欣赏两幅莫高窟的佛教壁画,《鹿王本生图》和《萨埵太子本生图》。

科普进一步 | 荐读

南朝的临川王刘义庆,编撰有一本《世说新语》,用一个个不足百字的小故事,将魏晋士人的人文风流尽数记录下来,可谓是那个年代的缩影。读者可参阅中华书局"中华经典名著全本全注全译"系列丛书《世说新语》一册。

有种意境：行到水穷处，坐看云起时；

有种美感：远看山有色，静听水无声；

有种品格：水至清则无鱼，人至察则无徒；

水之美让人动容，水之馈赠让吃货期待。看不久前的新闻头条，博斯腾湖第十届捕鱼节，有口锅出了名，叫：万鱼同跳西海第一锅，让人共享美食，有水有鱼有文化。比如在传统祭祀的开湖仪式盛典中体现的人与水关系如何？各民族中还有哪些关于水的风俗？

播出时间｜2018年7月4日

主讲专家｜重庆市水文化研究会秘书长　张军红

风俗背后藏着人水和谐

大家好！我是张军红，党的十九大报告提出了"加快生态文明体制改革，建设美丽中国"的发展目标，报告里明确指出：人与自然是生命共同体，人类必须尊重自然、顺应自然、保护自然才能有效防止在开发利用自然上走弯路。

水是生命之源，人类生存离不开水，人类生活的方方面面都与水密切相关。人们亲近水、敬畏水、珍惜水，并将其表现在日常生活的各种风俗习惯和礼仪规范中，形成独特的以水为纽带的民俗文化和民生文化，其中蕴含着许多朴素的人水和谐思想。今天我就中国风俗礼仪中的人水和谐思想做个简要分析。

中华民族的祖先早在两千多年前，就定下了"禁伐有时""鱼不长尺不得取"等规矩，春夏季节封湖、封滩，禁渔、禁牧，以便休渔、育草；秋冬季节开湖、开滩，以便开展伐木采集、捕捞渔猎与储草越冬等渔、牧业生产活动。与此同时，我国历代群众配合以上农时、林时、渔时、牧时节令和生产活动，还成立了许多诸如封山会、禁山会、青苗会等民间群众组织，形成了历代多民族各具特色的族规祖训、寨规村约、会款盟誓等成文或不成文的民间规约。

地处广西防城地区的畲族，历代尽管以出海捕鱼为生，但对祖居地的山林都倍加珍惜，特别设立"翁管"一职，专事山林、水资源等管护，并对毁坏山林等环境事件执行处罚。

畲族是中国人口较少的少数民族之一，民间流行"罚酒禁林"，对违反民约乱砍伐森林、污染水源者，要罚以钱款。用这些钱款置办酒席，邀集村民聚集喝酒，受罚者除被罚酒外，还要在席间向村民们赔礼道歉，并保证以后不再重犯，较好的起到了惩前毖后的教育和警示作用。

三眼井是一种具有浓郁地方特色和民族特色的井泉文化，在我国多地均有分布，比较出名的如云南丽江的纳西族三眼井，是纳西先民虽然生活在水资源十分丰富的丽江，但依然对自然怀着一种合理使用，物尽其用的人与自然三位一体的原生理念。三眼井不仅富有地方民族特色，且具有科学、卫生、合理、方便的特点。所谓"三眼井"是利用地下喷涌出的泉水源，依照地势高差修建成三级水潭。并对3个水潭的功能与用途进行严格区分，并约定俗成，形成古风民俗。第一潭为泉水源头，清冽洁净，为饮用之水；水从第一潭溢出后流入第二潭，第二潭水质洁净，为洗菜、洗涮炊具之用；水从第二潭溢出后流入第三潭，第三潭为漂洗衣物专用，最后水从第三潭流入排水沟中。这样，三潭相串，各司其职。

当前我国面临着严重的水资源短缺、水污染严重等涉水问题，这些问题日益成为制约我国经济社会发展的瓶颈。作为普通的公民，我们应充分了解我国面临的严峻水资源问题，自觉树立"人水和谐"思想，在日常生活中自觉节约用水、保护水环境、珍惜水资源，为建设美丽中国、美丽家园做一份贡献。

经典名著的阅读对儿童而言是一道难以迈过但又必须要迈过的坎儿。读懂了经典名著才读懂了社会人情，读懂了经典名著才能虽千里而知人间百态。但不少名著对儿童而言文字晦涩、情节复杂波折、背景深奥。许多家长会担心：孩子读经典的成人名著会有兴趣吗？能读懂吗？一切好书都会有自己的兴趣点，关键在于你引导孩子抓住它的兴趣点了吗？

播出时间｜2018年7月19日

主讲专家｜重庆第二师范学院学前教育学院教师　江　雪

暑假课外阅读中儿童如何啃下那些"大部头"

大家好，我是江雪！在这个炎热的暑假，又和大家见面了。

一到假期，孩子们都放假了，就该盘算着：孩子假期不能浪费啊，怎么坚持陪着孩子阅读？怎么陪着孩子读完学校要求的课外阅读书目？翻开大部分学校推荐的课外阅读书目，我们会发现有很多成人文学的名著，例如《三国演义》《格列佛游记》《简·爱》等等。有的家长就疑惑了：不是要给孩子读儿童文学吗，怎么又读这些大人读的书呢？

孩子的阅读某种程度上是"江海不择细流，故能成其大"，不能仅仅将孩子的阅读框定在儿童文学领域。当我们的孩子对阅读感兴趣，并且愿意阅读的时候，我们要尽可能给他们提供一个丰富而广阔的阅读世界。儿童文学的阅读固然是非常重要的，但是鼓励孩子向成人文学伸手并且引导孩子去读懂成人文学也是促进孩子阅读能力发展的重要一环。当然，我们的前提是要慎重地为孩子挑选适合他们阅读阶段和理解能力的成人文学。

那么，当我们鼓励孩子阅读合适的成人文学时，作为家长我们能为孩子提供什么呢？我想，越俎代庖的阅读在能够阅读成人文学的孩子那里是讨不了好的，不如引导孩子采用阅读方法去理解、把握成人文学对这个世界尤其是成人世界更加"真实"的表现。

在这里，我就要带着大家在引导孩子阅读那些"大部头"的过程中既"寻根问底",又"不问世事"。

什么是"寻根问底"呢？简单来说，就是阅读中尝试着引导孩子去搜集、挖掘、整理作者的生平和时代，去了解书中呈现的世界所描述的时代。这种阅读方法在一般的阅读乃至语文教学中都非常常见，往往在学术研究中被称作"社会历史批评法"。这种方法的好处在于途径简易、便于操作以及让孩子在阅读中更能了解时代背景才能理解书中的主人公为什么会做出那样的选择。例如，大家常常嘲笑晋惠帝那句"何不食肉糜"，认为他傻才会在别人报告他百姓饿得没有米饭吃的时候问"为什么不吃肉"。但如果我们搜集资料回到晋惠帝所处的封闭的皇宫背景下，他周围都是过着奢侈的生活，也就能理解他为什么说出这句话了。就像明星林依轮的孩子在某个节目里说他到过最穷的地方是广州。听到这句话先不要忙着愤怒或者批评，先看一看这孩子的经历也就能理解他为什么说出这句话了。阅读也是这样，尤其是引导孩子初步接触成人文学那些"大部头"的时候。带领孩子如何理解成人文学中表现的时代和世界，也许是引导孩子理解书籍主人公做出选择和行动的关键。

什么是"不问世事"呢？这是文学阅读中与"寻根问底"差别极大的一种阅读方法，强调在阅读时不要关注作者、时代生平这些书籍以外的信息，把注意力集中到书籍要表达的信息中，才能在不受外界干扰下做出对书籍阅读的相对客观的理解和把握。这是源于学术上英美新批评的阅读方法，尤其是在诗歌阅读中显示出强大的生命力。这样，孩子能将目光和精力集中在书籍本身要表达的内容上，例如阅读《茶花女》时不会过多的纠结小仲马作为大仲马的私生子是不是以文本故事在暗示自己，私生子的身份到底对他写作这部作品是什么样的影响。这些问题就留给更加深入乃至于专业从事小仲马和《茶花女》研究的人吧！初期引导孩子阅读成人文学作品，还是更多地引导孩子去分析把握书本内容上，保持孩子的阅读兴趣。这样"不问世事"的阅读可以尝试引导孩子采用思维导图、康奈尔笔记、读后感模板对文本进行符合孩子认知的结构探索和内容把握。后面几期我们也会简单介绍一下这些读书方法。

"寻根问底"和"不问世事"两种啃下"大部头"的方法看上去格格不入，是不是非此即彼呢？其实，每一本书有每一本书的读法，有的更适合"寻根问底"，有的更适合"不问世事"。在下一期中，我们将选取一些图书进行两种方法的示范,欢迎继续关注哟!

科普进一步｜荐读

　　当前中国语文教育非常重视名著作品的整本书阅读。北京师范大学出版社出版了"新课标整本书阅读"系列作品,包括《如何阅读〈老人与海〉》《如何阅读〈红楼梦〉》《如何阅读〈呐喊〉〈彷徨〉》《如何阅读〈边城〉》等,从版本讨论、文学价值、作者故事、人物分析、手法解析、研读指导多个方面开展名著作品的整本书阅读。

敦煌壁画是我国的艺术宝藏，在这些五彩斑斓的壁画中，保存着佛祖释迦牟尼惊心动魄的修行故事。"我们身边的传统文化"系列，讲述文物故事，触摸传统文化。5分钟，了解一件古物珍宝的前世今生。

播出时间 | 2018年7月26日
主讲专家 | 重庆大学人文社会科学高等研究院讲师　吴　娇

萨埵太子本生图

　　大家好，我是重庆大学古代文学教师吴娇，欢迎收听我们身边的传统文化节目。上一期我们一起欣赏了今存最早的竹林七贤画像，即出土于南京西善桥的《竹林七贤与荣启期》砖画，本期我们则要一起进入闻名中外的敦煌，去欣赏两幅主题相同、画法则不尽一致的佛教壁画——《萨埵太子本生图》。

　　本生图，简单地说就是讲述佛祖释迦牟尼前世故事的图画。在众多佛祖的前世故事中，萨埵太子舍身饲虎的故事流传很是广泛，在多篇佛教经文中都有提及。其故事大意是：作为佛祖前世之一的摩诃萨埵太子，在一次与两位兄长的旅行途中，于悬崖下偶遇了一只刚刚产仔不久的母虎，母虎因为饥饿而奄奄一息，眼看就要死去，看着围在母虎周围嗷嗷待哺的小老虎们，萨埵太子动了怜悯之心，于是他跳下悬崖，并用竹刺破自己的身体，让母虎舔食自己的鲜血和肉身，以此挽救了母虎和小老虎们的生命。萨埵的父母得知此事，悲痛万分，去他舍身的地方捡拾了剩余的白骨，建塔供奉起来。在一些佛经中，还有萨埵太子因舍身而升天，在空中劝导双亲的情节。

　　表现萨埵太子故事的佛教浮雕和壁画众多，莫高窟第254窟和428窟的壁画便是其中比较有代表性的两幅，他们的绘制时间相隔不远，却在构图造型上彼此相异，显示出中西艺术相互影响变化的线索。第254窟壁画被绘制在石窟内南面的墙壁上，占据的是一块四四方方的墙面，匠人精心选择了故事中最具冲击性的七个场面，将它们以顺时针的排位紧紧拼合在这一方墙面上，显示出北魏早期佛教壁画的构图特征。画面右上角是三太子跳下悬崖的情景，接着，右下角、中间偏下、左下角以及左上角则分别是三太子刺破脖颈、被母虎舔食、尸骨被父母兄弟捡拾并建塔供奉、受天人尊养的场景。壁画以人物为主，并且人物个个身形修长，造型、衣饰以及图画颜色都具有比较浓郁的异域色彩。

与之不同的是，第428窟《萨埵太子本生图》壁画的作者选择了长卷叙事的表现方式，与咱们之前欣赏过的长幅手卷《洛神赋图》所采用的"同图异时"的连环画一般的构图法一致。匠人将一面长方形的墙壁分割出三层，并借用山川、树木等装饰性的内容将太子舍身饲虎的故事情节分割出十多个小场景，比如骑马出游、路遇母虎、舍身饲虎等，观众在观看时，需得完全按照欣赏手卷的方式，最上层先从右至左看，第二层从左至右看，第三层再从右至左看，视线仿佛在画上走了一个"S"形的路线。相较于254窟中的壁画，428窟的这幅壁画无论从构图方式、人物造型还是山川、树木的画法，都更接近于中原艺术的风格，显示出自魏晋至唐的这一段时间内中西艺术充分交融的特征。

时间转入唐朝，下一期，我们将一起欣赏相传为初唐大画家阎立本所创作的《步辇图》。

科普进一步 | 荐读

敦煌是一个美丽而神秘的地方，它的历史、它的传说、它的数以千计的珍贵藏品都令人着迷。想要进一步探索敦煌的秘密，可观赏中央电视台拍摄放映的纪录片《敦煌》。

真正阅读《名人传》时才发现它不是仅仅由我们以前听过的那些小故事组成,还有更多的高谈阔论,还带着时代呼啸的气息。当面对《名人传》时,如何在那高昂又充满气魄的语言面前理解《名人传》?仅仅是知道贝多芬是耳聋的音乐家这点儿常识可是不够的。也许,你需要一点儿突破口。

播出时间 | 2018年8月2日

主讲专家 | 重庆第二师范学院学前教育学院教师　江　雪

三个姿势带你解锁《名人传》

大家好,我是江雪!上一期和大家分享了暑假如何啃下名著的两个方法,不知道大家去尝试过了吗?今天,我要带着大家运用其中"寻根问底"的阅读方法,只需三个姿势就能解锁罗曼·罗兰的《名人传》。

《名人传》是法国著名作家罗曼·罗兰创作的人物传记作品,包括了1903年完稿出版的《贝多芬传》、1906年的《米开朗琪罗传》和1911年的《托尔斯泰传》,被称为"三大英雄传记"或者是"巨人三传"。

寻根问底这种阅读方法与《名人传》简直可以称得上是夏日里的空调配西瓜,相得益彰。为什么这么说呢?

首先,我们说,偏向于《名人传》这种纪实类的文学它总有一个写作的目的。有意思的是,在《名人传》中作者也毫不吝惜地摆出"这就是我写作这本书的目的,请随便看":"我们周围的空气多沉重。整个欧洲在浑浊与腐败的气氛中昏迷不醒。鄙俗的物质主义镇压着思想,整个社会笼罩着卑下的自私自利的氛围。人类喘不过气来。——打开窗子罢!让自由的空气重新进来!呼吸一下英雄们的气息。"《名人传》开篇就说"我们周围的空气多沉重",究竟是什么样的情况让罗曼·罗兰觉得空气都变沉重了?为什么说鄙俗的物质主义镇压着思想?如果不回到罗曼·罗兰生活的时代,读这本书第一句话时,小朋友大概就会困惑了。如果我们读书的时候,对罗曼·罗兰的写作时代——19世纪末20世纪初的欧洲尤其是法国做一下简单的了解,就能够理解罗曼·罗兰为什么会说出这句话。曾经当家长们还是初高中的学生,面临考试压力时,一定不会忘了历史考题上常常出现的一句话,一位历史学家评价20世纪初期欧洲的形势时说:"欧洲已经变成了一只'火药桶',只需一粒火星将它引爆"。这个火药桶就是指当时欧洲帝国主义之间为了争夺殖民地的紧张形式,那颗火星就是历史上鼎鼎有名的萨拉热窝事件——直接导致了第一次世界大战的爆发。而罗曼·罗兰写作《名人传》恰好是在一战爆发前期,帝国主义资本经济迅速扩张与争夺殖民地的时期,法国当时面临着自己的宿敌德国的威胁。新崛起的德国想要从法国手里夺下殖民地的肥肉,而一直对普法战争耿耿于怀的法国时刻不忘记向德国复仇和殖民扩张。贵族们生活奢华,沉溺于物的享受,但国家形势的不稳定又是一个隐患。所以我们不难理解罗曼·罗兰写作《名人传》发出这样的感慨。而罗曼·罗兰恰好是一个对这样的局势不满的人,他厌恶战争,厌恶只追逐物质生活的时代(尤其是这个时代距离繁荣的启蒙时代、巴黎公社等伟大事件并不遥远)。后来,罗曼·罗兰在一战期间就果断地站在了反战的立场上,写作了一篇篇反战文章。可以看出来罗曼·罗兰是一个坚定的追求精神和和平的人,并且愿意付诸行动。这就能理解他为什么要选择贝多芬等三人进入《名人传》而非其他人。所以,我们解锁《名人传》的第一个姿势就是:回到作者生活的时代,了解作者的写作偏好。

其次,解锁《名人传》的第二个姿势当然是要了解一下《名人传》写了谁。人物传记类的文学作品基本上是为历史真实存在的人立传。我们需要了解一下真实存在的主人公生活的时代,做出了什么样的成就,才能够理解作品中赞扬主人公的伟大之处。《名人传》中绝对不会条分缕析地告诉我们米开朗琪罗一生主要作品有哪些,他为何出名,而是把笔触集中到米开朗琪罗永不停息的辛苦工作,在自我理想与世俗束缚之间的挣扎,集中到表现他人性的弱点和自我的精神战斗上。所以,这个时候我们可能需要在细致的文本阅读之间了解一下我们的主人公。而《名人传》的阅读,我建议大家可以带着孩子做一个模板读后感。什么是模板读后感呢? 就是利用一定的图形来引导孩子阅读前后的工作。举一个例子,我们设计一个模板,集中讨论米开朗琪罗的形象和性格,那么模板的一部分是阅读《名人传》前孩子搜索到的一些关于米开朗琪罗的描述，可以尝试用关键词表达。模板的另一部分则待孩子阅读《名人传》后抓取的《名人传》中对于米开朗琪罗的描述。这就形成了孩子的阅读前后的笔记，加深了对《名人传》人物叙述重点的理解。最后，解锁《名人传》的第三个姿势可以尝试一下抓取了解一下主人公生活的时代细节。比如说，《米开朗琪罗》传里就总是写米开朗琪罗受制于教皇克雷芒七世和保罗三世。大家可能就会发出这样的疑惑：米开朗琪罗不是已经足够有钱、足够有名了，为什么还要老给教皇和美第奇家族干活啊？这时，大家需要了解一下欧洲文艺复兴时期贵族和艺术家之间"爱的供养"的关系。米开朗琪罗从最开始从事艺术雕刻时就在美第奇家族的学校里学习并获得资源，接受这个家族的供养，方便一心一意从事自己的艺术工作。美第奇家族作为他的供养者、欣赏者，自然也会召唤驱使他干事情，鼓励他去承担一些必需的艺术项目。例如，西斯廷教堂天顶壁画其实是克雷芒七世逼着米开朗琪罗完成的。顺便说一句，当时被称为"文艺复兴三杰"的达·芬奇、米开朗琪罗和拉斐尔都由美第奇家族进行艺术赞助和供养，不过米开朗琪罗和另外两个人的关系并不好。

今天的阅读名著分享就到这里了，我们下期继续。

科普进一步 | 荐读

罗曼·罗兰(Romain Rolland，1866—1944)，法国著名的思想家、文学家、音乐评论家，曾获得1915年的诺贝尔文学奖。罗曼·罗兰自小受爱好音乐的母亲的熏陶，对音乐的理解和感悟较深，这为他后来为贝多芬撰写《贝多芬传》以及以贝多芬为原型写作小说《约翰·克利斯朵夫》打下了一定的基础。如果要读懂罗曼·罗兰的《贝多芬传》，就一定要去读《约翰·克利斯朵夫》；反之亦然。

我们时时刻刻都在决策,因此,决策并不像我们想象的那么艰难和可怕;但另一方面,确实有很多人易犯"决策恐惧症",如果想解决这个问题,就需要我们首先了解决策。

播出时间│2018年8月9日

主讲专家│重庆科技学院工商管理学院教授　胡伟清

四招搞定"决策恐惧症"

先来看一段日常生活中最常见的对话:

"中午吃什么?"

"随便。"

"唉,不能说随便耶。是中餐、西餐、火锅、汤锅、烧烤?"

"随便。"

这虽然只涉及每天必须面对的吃饭问题,"随便"一点没什么关系。但当我们面对更大一点的决策时,恐怕就不能如此"随便"了。比如,你能随便买入哪只股票吗? 能随便与谁结婚吗? 能随便找个工作吗?

但人们在决策的时候,发现似乎也并不像所想象的那样,喜欢有决策权,并且果断决策。而是常常犹豫不决,甚至陷入焦虑。这就是决策恐惧症。

比如说,当在几只股票中要选择一只买入时,很多人就陷入了决策焦虑。买股票还好啦,因为如果定不下来,那就每只股票买一点罢了。而如果是要在几个恋爱对象中选择一个结婚时,就不像买股票那么简单了,因为第一,你不能像同时买入多只股票一样,同时与多个人结婚;第二,股票买错了,第二天卖掉就是了,最多损失点钱,而如果结婚结错了,就没这么简单了。

针对决策恐惧症,我以瑞士洛桑国际管理学院战略与国际管理教授菲尔·罗森维格(Phil Rosenweig)的一篇文章为参考,主要从领导者的战略决策来谈如何克服决策恐惧症的问题。

怎样克服决策恐惧症呢? 这需要领导者具备以下两项关键技能:第一,对想要决策的事项进行分类鉴别的能力；第二，针对不同的类型采取相应办法的能力。

先谈第一个能力。分类能够帮助我们更好地处理和解决问题。我曾经对会议进行过分类，通过分类，就可以剔除掉很多不必要的会议了。当我们面对决策时，也同样可以先进行分类，这样就可以把我们的时间精力，用在需要认真决策的事项上，而避免面对"一堆乱麻"时的无所适从。

如何分类呢？还是采取简单又实用而且常常使用的二维矩阵图。两个维度分别是可控性和竞争性。可控性是指，决策的结果是不是我们自己能够控制的？为什么不谈决策的过程呢？因为如果连决策的过程我们自己都无法控制的话，那就不是决策了。

另一个维度是竞争性，意思是说，是否需要与别人比较，或者说要不要排名。

这样，我们就把需要决策的事项分为四类：

第一类，结果是不可控的，也不需要进行排名，比如股票投资，至少到目前为止，还没有一个很好的办法能够控制股票投资的结果。谁不想投资赚钱呢？又有多少人赚钱了呢？这就是证明。股票投资也不需要与别人进行比较，因为我们很难知道别人的投资情况如何，所以，最多是与大盘的盈亏进行比较，也就是所谓的"是否跑赢了大盘"。

如果说股票投资还可以对结果进行一定的控制的话，比如说可以割肉啊，那买彩票的结果，基本上就是不可控制的了。

第二类，结果是不可控制的，但需要排名。典型的就是证券基金的决策，不可控或者说可控性低，我在前面已经说了，但基金是要排名的。此外，世界杯足球赛也是一个典型的例子，多场比赛的结果，确实大大出乎我们的意料，结果不是每支球队所能控制的，所以，可控性很低，但需要进行排名。

此外，求职，求爱，也可以归到这一类决策里。你想进某个单位，但别人不一定要你，即便你很优秀，但一排名，还有更优秀的；你爱的人名花有主，爱你的人你又不求，你说痛苦不痛苦？

第三类，结果是可以控制的，也不需要进行排名，比如你到超市去买东西，想买什么不想买什么，你自己说了算，也不需要与别人进行比较。比如项目完成时间，你可以通过加班加点提前完成，也一般不需要与别人进行比较。

第四类,结果是可以控制的,而且具有竞争性,最典型的就是企业的发展战略决策。采取什么战略不采取什么战略,你如果是公司的有权威的领导者,一般可以做主;但也不能因此就随便决策,因为市场上有很多的竞争者,结果的好坏,最终是通过企业之间的竞争来体现的。

以上是对需要决策的事项进行了分类,现在就需要来分析,针对不同的事项,我们应该怎么办? 也就是我要讲的第二个问题,针对不同的事项,我们需要怎样的决策能力。

我们不妨把人的能力,分为四种角色:战略家、战术家、心理学家、赌徒。

对于第一类事项,也就是不可控且不需要排名的事项,我们最好不参与。我个人有两类事是不做的,第一是自己把控不了的事,第二是小概率事件,其实都是不可控的事。我就从来不买彩票。参与第一类事项的,要有赌徒的性格和能力。

对于第二类事项,也就是虽然不可控但需要排名的事项,这需要我们有心理学家的素质。也就是说,成功了不要兴高采烈,失败了不要心灰意冷。因为结果不是你能把控的。比如,你向美女求爱,人家不同意,你能怎么的? 难道跳楼不成? 嘿,现实中还真有这样的例子,这就是心理素质不好的表现。

面对第三类事项,也就是结果是可控的,但不需要排名的事项,这是我们最容易进行决策的事项,因为结果我们可以控制,又不需要与别人进行比较,只要自己满意就行。关于这一类决策,只需要有战术家的能力就行,就像你左手和右手下棋一样。我有时候没事干,就在棋盘上自己与自己下一盘。

对于第四类事项,也就是结果是可控的,又需要进行排名的事项,比如企业发展战略、你自己的职业发展规划,这就需要我们具有多重角色的能力了。换句话说,我们必须是战略家、心理学家、赌徒。

从我自己的经验来看,我们之所以有决策恐惧,或者说决策焦虑,第一是因为决策能力不高,第二是对结果太在意。决策能力的提高,可不是一下子能够实现的,需要更多的实践,而以上所说的两个能力,如果我们具备了,决策恐惧症就会减轻甚至消失,因为多次的决策正确之后,我们就会对自己充满信心,也能在决策中感受到成就感和快乐。

而对于结果呢,我们这样想好了:任何事情的结果,都不是你一个人能够完全把握的,因此,不要太在意。这样,你才能从焦虑中解脱出来。

科普进一步 | 荐读

从早上几点起床到晚上几点睡觉,我们无时无刻不在决策。很多人在小事上果断,但在大事上犹豫不决,甚至焦虑;甚至有的人连"吃什么"这样的小决策,也难以拍板。要提高决策能力,实践是最好的方法,只要你多次决策正确,就会增强自信,克服决策恐惧。而如果长期依赖别人的决策,则永远也克服不了决策恐惧症。

与此同时,也不妨学习一些与决策有关的方法,因为现在决策已经成为一门科学。从科普的角度看,我推荐阅读美国管理学家斯蒂芬·罗宾斯的《做出好决定》,能够帮助你提升自己的决策能力。

文成公主入藏嫁与松赞干布，是汉藏和平的千古佳话。可是，你知道松赞干布的使者是如何向唐太宗求亲的吗？"我们身边的传统文化"系列，讲述文物故事，触摸传统文化。5分钟，了解一件古物珍宝的前世今生。

播出时间 | 2018年8月16日

主讲专家 | 重庆大学人文社会科学高等研究院讲师　吴　娇

步辇图

　　大家好，我是重庆大学古代文学教师吴娇。上一期我们一起欣赏了敦煌莫高窟中的两幅《萨埵太子本生图》，了解到南北朝时期佛教壁画的构图叙事特点，本期我们将视线转移到唐朝初期，去欣赏一幅珍贵的传世名作——阎立本的《步辇图》。

　　《步辇图》，绢本设色，宽38.5厘米，长129.5厘米，为故宫博物院馆藏中国十大传世名画之一。虽然这幅画是否为真迹还存有争议，但画卷的珍贵精美是有目共睹的。画面描绘的是唐太宗李世民接见吐蕃使者禄东赞的情景，这次会面促成了文成公主与松赞干布的婚姻，是一次著名的会面，所以有可能是当时身为右丞相的阎立本将其以图画的形式记录了下来。

　　《步辇图》画面以中轴线为界，采用了较为新颖的疏密对比的布局手法。在早期的画作中，画者只会将需要表达的事物一一排列在画面上，而这幅《步辇图》却有着明显的左疏右密的布局设计，以唐太宗为中心聚拢而成的紧密的侍女群与以吐蕃使者为中心的疏朗的官员群相互牵引，一方面突出唐太宗的威仪气势，一方面也使得画面更加简洁明了，具有观赏性。

　　细看画作，只见在宫女簇拥下的唐太宗身着便服，目光直直逼视前方，他身前抬辇的侍女因为用力而歪过头去，唐太宗的视线因此有了一片开阔的视野，穿过侍女而继续与左侧人物的视线连接。画面左侧站立的三人由左至右依次为翻译官、禄东赞和典礼官，他们神情恭谨，微微鞠躬，服饰华丽。典礼官身着红袍，一方面突出画面的喜庆气氛，另一方面与右侧的红色晃盖呼应，平衡整幅画面的色彩。唐太宗身边或撑扇或抬辇，或行走的宫女表情自然轻松，身形娇俏多姿，服饰上也有流动的条纹装饰，自有一股柔和明快的氛围，与左边紧张拘束的感觉中和，形成了张弛有度、刚柔并济的视觉效果。

值得一提的是，画家表现唐太宗时，特意以宫女所撑的掌扇和步辇构成了一个三角形，将唐太宗框在了三角形的中央，且他的体型明显要比周遭的宫女大一倍，这样的表现方式同样见于另一幅相传也是阎立本画作的《历代帝王图》，其中陈宣帝的造型几乎与《步辇图》中的唐太宗一模一样，都是在随从簇拥中，坐于步辇之上，位于由身后的掌扇和步辇所形成的三角形之中，并因为皇帝的身份，其身形也比周围的随从要大一号。虽然三角形和大小人物的画法比较常见于唐代，但结合画面的相似性来看，说《步辇图》和《历代帝王图》同出自阎立本之手，还是有一定可信度的。

科普进一步 | 荐读

阎立本不仅是技艺精湛的大画家，他还是唐太宗的肱股之臣，相传唐太宗时期兴建的大型宫殿——大明宫，就是由阎立本主持设计的。如今，西安建有大明宫遗址公园，中央电视台拍摄有纪录片《大明宫》，可供感兴趣的读者观赏。

中国人为什么喜欢用玉字旁的字取名？玉在中国文化中有何特殊寓意？我们每天上的"班"又跟"玉"有什么关系？

播出时间｜2018年8月23日

主讲专家｜重庆大学人文社会科学高等研究院副教授　万曼璐

为什么古人喜欢用玉字旁取名？

中国是一个特别喜欢玉的国度。从《诗经》的"言念君子,温其如玉",到《楚辞》"登昆仑兮食玉英",再到唐诗的"洛阳故友如相问,一片冰心在玉壶",文学作品中常常用"玉"来形容人的品格。至于我们在日常生活中所使用的带"玉"的成语俗语,像"玉树临风""亭亭玉立""锦衣玉食""琼浆玉液"等等,更是数不胜数。

以玉为偏旁的字数量也十分庞大,除了像"宝""璧""莹"等等能明确看出"玉"字的以外,更多的是通常称为"王字旁"的字。

"玉"在古文字中和"王"字非常接近,特别是小篆字体,王(小篆玉)王(小篆王),都是三横一竖,乍一看几乎以为是同一个字;实际上它们有非常细微的差别:"玉"字的三横是等距的,而"王"字上面两横比较接近,最下面的一横隔得远一些。到了今文字(隶书以后的字体)才给"玉"加了点,但作为左偏旁的"玉"还保留着不加点的写法。

玉字旁的字非常多,如"琼""瑶""琪""环""珍"等,都还能看出与玉有关。但还有一些从"玉"的字,已经看不出来与玉有关了,比如"玩"和"弄",本义是把玩玉器;再如"班",金文字形两边是"玉"中间是"刀"班,本义表示用刀把玉分开,因而表示"分开"的意思。由"分开"引申,"班"可以表示一个整体中分成的一个个部分,可以是空间的,也可以是时间的。比如学校的一个班,就是空间的这种被分开的部分;上班下班的班,则是时间的部分。

之所以我们特别喜欢玉,以玉为偏旁的字特别多,这跟我们很早就开始使用玉有密切的关系。中国是世界上最早使用玉的国家,玉的历史至今约有八九千年。在新石器时代的北方红山文化与东南良渚文化中,都发现了极其发达的玉文化。在这些被发现的玉器中,特别值得一提的是良渚文化的玉琮。琮是一种外方、内圆、中空的柱形玉器,一般认为是与祭祀有关的礼器。一些学者认为,琮的外部为方形,与古人心目中的大地相同;它的内部是圆形,与古人心目中的天相似;它的中间是空的,象征天地相通;再加上它由玉所制,玉被认为具有通灵的性质;琮上还刻有种种动物图案,可以协助沟通天地,因此,琮可以在祭祀时供奉天地,拥有沟通天地、接引神鬼的神秘力量。通过琮,我们可以知道,古代中国很早就有了"天圆地方""上下四方"这样的空间观念。东汉有一位著名的经学家郑玄在给《周礼》作注的时候说:"琮之言宗,八方所宗。"也就是说,琮字右边的"宗"不仅起到表音的作用,同时也有表意的性质。琮是"八方所宗",也就表示它具有统领八方的性质。这种性质延伸到社会领域,自然就与帝王、天子具有对应性了,因为帝王正是自认为居于天地之中心,统领八方,并为天命所钟的。

科普进一步 | 荐读

大家如果还想进一步地了解玉琮,不妨观看《国家宝藏》2018年1月28日的那一期节目《走进浙江省博物馆》,里面有关于浙江余杭良渚文化遗址12号墓出土的一枚"玉琮王"的精彩讲述。1986年,浙江余杭反山良渚文化遗址12号墓出土玉琮,现藏浙江省博物馆,高8.8厘米、宽17.1~17.6厘米,文饰繁缛,体形硕大,重达6500克,号称"琮王"。

1982年,江苏省武进县寺墩遗址M4出土,现藏南京博物院,高7.2厘米,射径上端8.5~8.6厘米,射径下端8.3厘米,孔径上端6.8~6.9厘米,孔径下端6.7~6.8厘米,是良渚文化的代表性玉琮。

"滚滚长江东逝水,浪花淘尽英雄。"多少三国故事脍炙人口,多少三国英雄成为中国人的精神榜样。孩子们读《三国》,不仅仅是读故事,更是读文化、读懂中国。那么,面对古典小说的语言隔膜和故事讲述方式,如何才能让孩子在浩繁的文字中读懂《三国》呢?也许,我们可以尝试这样做。

播出时间│2018年8月23日

主讲专家│重庆第二师范学院学前教育学院教师　　江　雪

别管历史,画个地图读《三国演义》

上一期和大家一起讨论了如何指导孩子阅读《名人传》,不知道大家实施后效果如何?本期我将会和大家一起来聊一聊如何阅读《三国演义》。

有些家长一想到阅读《三国演义》就觉得《三国演义》多计谋和算计,不适合孩子读;有些家长一想到《三国演义》,则恨不得把三国时期这一段历史都塞给小朋友,恨不得孩子读完一本小说顺便了解这一时期的历史、文化;等等。我想,每位家长对孩子的阅读都有预设,这并非问题,但是我们也可以考虑采取多种态度和视角来看待《三国演义》的阅读问题。纵然《三国演义》多筹谋,但人物的描写和塑造难道不是更感染人吗?三国时期的历史确实是阅读中重要的一环,但是作为小说本身的《三国演义》,抛开真实历史而言本身波折的故事和丰富的人物也能吸引注意力。所以,我向大家建议的是,如果要从四大名著中挑选原著给孩子阅读,《三国演义》是首推对象。

今天,我想带着大家抛开历史来读《三国演义》。

现在主要流行的《三国演义》版本为毛宗岗父子的点评本。在此本之前,《三国演义》成书是一个复杂的过程。西晋史学家陈寿的《三国志》是这个故事演绎的蓝本,许多人物评价都是来自这本史书。到了隋代的时候,一些杂戏表演就有刘备马跃檀溪等故事了。到了唐朝时,三国故事广为流传。李商隐在他的诗歌中就写孩子们听三国故事后"或谑张飞胡,或笑邓艾吃"。待到宋朝,说评话的艺人也就是大家在古装电视剧里常见的说书人中有一个专门的细目就是"说三分",专门讲三国故事。在这样的基础之上,明代罗贯中博采众长,进行整理撰写了《三国志演义》,后来经李卓吾、毛宗岗父子点评、修改才有了我们现在看到的《三国演义》。

这时候有朋友不理解了:不是说抛开历史读《三国演义》吗?怎么又讲起成书的历史了。这是因为我们要从《三国演义》成书的历史来看,它的创作和历史紧密相关,但更多融入了民间信仰和传说,使其虚构的色彩更加浓厚,更加具备了小说重情节和人物的特点。即使抛开历史,单把《三国演义》作为小说来读,也是十分精彩的。

为什么说首先要带着孩子抛开历史读《三国演义》呢?我们知道,历史纷繁复杂,仅凭一本小说就了解历史朝代是不靠谱的。而且,当我们引导孩子读文学作品时,了解时代固然是重要的,更重要的是不要让孩子产生把文学作品等同于历史的概念。不妨单纯将《三国演义》作为小说阅读,让孩子沉浸到《三国演义》构建的忠义世界里,感受动荡的时代之下,人心、正义的传奇色彩和传奇故事的一波三折。这样的阅读更接近故事本身,也更能够让孩子通过小说的塑造去感受人物,而非先入为主地固定了人物印象再去小说中一一对应。这样的阅读更能够感受到故事本身的精彩和趣味。

第一次阅读《三国演义》时除了采用"不问世事"的阅读方式外,你还可以在引导孩子阅读的同时进行小说地图绘制,让孩子真正感受战场的转移和人物南征北战奔波的艰辛与壮阔。有一些出版社,例如人民文学出版社出版的《三国演义》提供了小说的作战地图。阅读时可以借鉴。但不妨让孩子自己动手,根据小说的描写来绘制阅读地图,增加对战场形势的把握和理解。例如,赤壁之战中,曹操、刘备、周瑜三方各自的位置和战斗时前后打了几次仗的顺序都可以通过绘制简单的地理位置图来把握。这样,孩子在阅读故事情节中更能够理解人物采取战略的原因,理解诸如"掎角之势"的战略术语。这样,家长在引导孩子阅读时也不需要再引入过多的新概念来解释文本。

科普进一步 荐读

"说三分"是宋代都市中说书的主要题材之一，专门讲三国故事。

《东坡志林》中记载："徐巷中小儿薄劣，其家所厌苦，辄与钱，令聚坐听说古话。至说三国故事，闻刘玄德败，颦蹙眉，有出涕者。"

《中庸》是著名的"四书五经"之一,是中国传统经典的代表之作,可是它却只有短短千字,到底是怎样的一篇奇文呢?

播出时间 | 2018年8月30日

主讲专家 | 重庆大学人文社会科学高等研究院讲师　吴　娇

走进《中庸》

要想明白《中庸》是一篇什么样的文章,如何成了四书五经之一,得先看看另外一本书——《礼记》。《礼记》,大家现在听起来可能有点距离感,可是说到养生送死、婚丧嫁娶这些事情,没有人会觉得不熟悉,因为它们就是我们生活的方方面面。《礼记》讲的就是生活的方方面面,是一本把人一辈子该如何体面地活着写得透透彻彻的书。《礼记》里面收录了许多孔子和他的弟子们的问答与言论,编成之初就获得了很高的评价,人们觉得这本书很有用,把修身、齐家、治国、平天下的事情都讲到了,还讲得挺有道理的,所以这本书的引用率一直很高,比如我们常常提起的"小康",就出自《礼记·礼运》篇。

南宋时期,大儒学家朱熹把《礼记》中的第三十一篇《中庸》给抽了出来,因为他觉得这篇文章写得实在太好了,"忧之深、言之切、虑之远、说之详","千有余年"而"若合符节",就算过去了几千年,《中庸》里面的道理放到当世,还跟对令牌一样严丝合缝。所以朱熹把它和《大学》《论语》《孟子》并在一起,合称《四书》,尊为儒学的真经。由那时开始,《中庸》逐渐从《礼记》中剥离出来,一步步走向了儒家学说的中心,成为今天妇孺皆知的儒家经典,其中所宣扬的"中庸之道"也成了中国人做人持家的良训。

最后,回到当代社会,咱们如何读《中庸》呢?这个问题说大也大,说小也小,大可以上升到现代人到底应如何理解国学经典,小可以具体到每个人对于这短短几千字的感悟上,"如人饮水,冷暖自知"。大问题需要等专家学者去解决,就我个人而言,一部经典之所以称之为经典,就在于它有无限的可能性。

"一千个读者心里有一千个哈姆雷特"，为什么是哈姆雷特不是哈利·波特？就是因为《哈姆雷特》写出来，是带有对于人性、社会、自然等种种事物的思考的，《中庸》也如此，所以不同的人读，会有不同的看法，不同的领悟。现代人和古人一样面临着生存和精神的焦虑，平衡稳重的中庸之道是我们心灵休憩的场所，儒学学到深处，学会的是做人。它不一定能告诉你股票怎么炒，考试怎么过线，但静下心来读一读，说不定你会发现生活背后的人生规律呢？读着读着，突然灵光一闪，似有所悟，发现古人讲的道理可以为我所用了，我能够借着它来提高我的品格情趣，甚至生活质量了，这就是当代人读《中庸》的最大收获了。

科普进一步 | 荐读

《中庸》的深意，需要每一个人去仔细揣摩，最终读出自己的理解。中华书局"中华经典名著全本全注全译"系列出有《论语 大学 中庸》一册，可作辅助阅读之用。

一个时代的审美观从某种程度上代表了这个时代的价值取向,有一个导向性的作用。《开学第一课》是中央一台在开学之际演出给全国老师、学生、家长看的一台综合性文艺节目,大家的期望值很高。没想到请的一众明星都比较阴柔,缺乏阳刚之气,招致不少的批评,很多观众甚至认为是毒害青少年。目前的这种男性柔媚化的审美观跟历史上的魏晋时期颇为相似。但"魏晋风度"中的美男子,可不仅仅是长得帅,是有许多硬性标准的。

播出时间 | 2018年9月6日
主讲专家 | 四川外国语大学中文系教师　康清莲

古代小鲜肉,不光长得帅

大家好,我是康清莲。今天想谈一谈今年播出的节目《开学第一课》,观众对节目里请的大部分偶像型明星都颇有微词,因为他们给人的感觉非常的柔媚,以至于就有好多文章说"少年强则国强,少年娘则国娘",很多有识之士忧心忡忡。那么,这种柔媚的风气有什么问题呢?

我想了一下,我们现在这种崇尚阴柔的审美风气,其实跟我们中国历史上有一个时期是比较相像的,那就是魏晋时期。一说到魏晋时期,可能大家脑子里面就想到"魏晋风度",那个时候对于人的外形确确实实是非常看重的。比如《世说新语》里面有三十六个门类,其中有一个门类叫"容止"篇,里面讲到一个人的长相、气质、风度、谈吐等方方面面。但是很多人有一个误解,以为这就是一个纯粹看脸的时代。比如说魏晋时期有一个名士叫何晏,有一个成语叫"顾影自怜",还有一个成语"傅粉何郎",都跟何晏有关。何晏长得很漂亮,是个美男子,当然他自己也觉得自己很美,所以经常走路的时候时不时就要转过头去看自己的影子,所以就有了成语"顾影自怜"。"傅粉何郎"是怎么回事呢? 因为何晏长得特别白,魏明帝就怀疑他是不是抹了粉呢? 于是就在一个大热天给他端了一碗热汤面给他吃。何晏吃得大汗淋漓,刚好那天他又穿了一件红衣服,他用红衣服擦拭脸上的汗水,《世说新语》描写他"色转皎然"。所以我个人觉得他不是傅粉,是属于天生丽质。但是何晏并不是我们所想的,就是一个绣花枕头,金玉其外败絮其中的人,他实际上非常有学识,他是我们中国第一个给《论语》作注的人,《论语集解》就是何晏做的。

魏晋时期,确确实实对一个人的外形很看重。但是说实话,"魏晋风流"还是很有内涵的。冯友兰说要构成"魏晋风流",应该具备四个要素。第一"玄思",玄思就是说一个人要有非常深刻的思想。第二"洞见",这个"洞"就是高深、深妙,要有非常深远的见识。第三"妙赏",要有一双会发现美的眼睛。第四"深情",对自己所生活的社会,对周边的人,对大自然都充满了一种深深的情感。"玄思""洞见""妙赏""深情"这四个要素集中一起才构成了"魏晋风流"。

所以说,我们不要以为"魏晋风流"就只是看中一个人的外表怎么样。再给大家举一个例子——曹操。曹操是一个伟大的政治家,伟大的军事家,也是非常出色的文学家。曹操对自己的长相也不自信,传说中有一个匈奴的使者要来见曹操,曹操就让当时的美男子崔琰代替他假装成魏王,坐在堂上,曹操自己扛一把大刀站在旁边,充当卫士。会见完了以后,曹操派人去问匈奴使者,你觉得我们魏王怎么样?匈奴使者说:"魏王雅望非常,然床头捉刀人,乃真英雄也。"魏王确实风度翩翩,长得很文雅,但是旁边床头的捉刀人,那个扛大刀的卫士才是真正的英雄。这说明真英雄的风采是掩盖不住的。

科普进一步 | 荐读

为了更好地理解"魏晋风度",可以阅读刘义庆编的《世说新语》、鲁迅先生的《魏晋风度及文章与药及酒之关系》、冯友兰的《论风流》等,做一个内外兼修的人。

幼升小，家长期待又担忧：孩子会在小学阶段成长为更好的人吗？孩子进入一年级会不会不习惯呢？孩子背着一年级小书包一去不回头，不再像幼儿园那样黏糊，心里怎么反而空落落的呢？孩子上一年级了，面对种种情况，家长和孩子都需要适应。不妨来看看这个爸爸和孩子是如何克服一年级的升学"困难"的吧！

播出时间 | 2018年9月3日

主讲专家 | 重庆第二师范学院学前教育学院教师　江　雪

一年级不适应？读《今年你七岁》

这几天正是开学季，对于我们的家长来说尤其是孩子刚离开幼儿园上小学一年级的家长来说，恐怕是新鲜、忙乱、期待又紧张的吧！不过，大概唯一不用担心的就是，孩子已经六七岁了，不会再像当年刚上幼儿园时看见爸爸妈妈离开就抱着大腿痛哭，让人恨不得从幼儿园抱着孩子就走。可新的小学生活也会遇见很多新鲜的事情，不知道大家看着孩子兴冲冲地背着书包和自己说"再见"的时候，心情是怎么样的？

孩子上一年级了，爸爸妈妈也要做好准备迎接孩子新的小学生活哟！

今天就要给大家介绍一位家长，用细腻的文笔记下了儿子阿波刚上小学一年级的生活。这就是刘健屏和他的作品《今年你七岁》，适合刚上一年级的孩子和孩子刚上一年级的家长们阅读哦！

刘健屏是当代著名的儿童文学作家，他的短篇小说《我要我的雕刻刀》获得了首届全国优秀儿童文学奖。而今天要和大家分享的《今年你七岁》获得了第二届全国儿童文学奖，可谓是盛誉满满。和所有陪伴孩子成长的家长一样，当孩子从幼儿园进入小学时，刘健屏意识到7岁对孩子来说是一个转折点：他们离开了以游戏为主的幼儿园生活，进入了开始要求学习表现的小学；离开了父母、幼儿园老师的终日陪伴，开始逐渐走向和同伴游玩、交往的生活……也许某一天，当孩子打电话告诉你，爸爸/妈妈，我下午要和XX一起去公园玩，晚一点儿回家。作为家长的你,也许真的感到在幼儿园时时,时依赖你的孩子已经开始有了自己独立的社交圈。当然,你也可能会担心,都小学了,还出去玩,作业做了吗?

《今年你七岁》中阿波的爸爸也是处于矛盾中的家长。一家人呵护长大的阿波顺利地通过了入学考试,进入了一年级。可是,很快阿波就因为贪玩,放学后和同学跑到水泥管子去玩得太晚了忘记回家。原本一步也不愿离开爸爸妈妈的阿波居然在放学后没有马上投入父母的怀抱,而是选择了和同学去玩。这让阿波爸爸生气又失落。生气的是,都小学了,阿波还那么贪玩。失落的是,似乎阿波离开自己的臂膀,就会越走越远,就像龙应台文章里描述的父母和子女渐行渐远的关系。阿波爸爸面对孩子上小学的情况也颇有点心理上的不适应了。不知道各位朋友是否已经开始感到这种矛盾的滋味了呢?

带着阿波上小学,也让阿波爸爸重新认识了阿波。他第一次知道,阿波在家里更喜欢妈妈的原因居然是妈妈会做很多好吃的,但爸爸只会煮面条。在这之前,爸爸从来不知道阿波不喜欢吃面条。这不禁让阿波爸爸开始自我检讨:我是不是太把自己的意愿强加给孩子,忽视了他的个人需求? 当他学会表达时,我才发现自己以前错过了孩子多少渴望的目光。不知道读过这本书的爸爸妈妈们是否也有相同的困惑呢?

小学一年级意味着别离和新的开始。对父母如此,对孩子更是如此。积极帮助孩子融入新环境大概是每个一年级父母都要面对的问题。阿波的爸爸也不例外。阿波上一年级半天后,回家就抱着幼儿园的毕业照,不说话。爸爸注意到这个反常的情况,反复开导才知道阿波想念幼儿园的小朋友们,不想读小学。阿波爸爸及时鼓励阿波,主动带他和一年级的同学玩,才让阿波认识到每个阶段都会遇见不同的小朋友。离开并不意味着永远不再见。终于,爸爸带着阿波真正走进了一年级的生活。

就像《今年你七岁》中说的一样:

"你我是父子,共享天伦之乐;同时又是平等的朋友和伙伴,结下情谊。我还将记下,在这种欢乐和情谊之中,我究竟给了你点什么,你又给了我点什么。"孩子的每一个阶段都格外珍贵。作为父母既享有天伦之乐,同时也是孩子一路成长的朋友。孩子和父母彼此馈赠,互相帮助,才能在每一个阶段,尤其是从幼儿园踏入小学的阶段顺利前行。

科普进一步｜荐读

关于一年级的小朋友,你可以和孩子一起阅读:

古田足日《一年级的大个子和二年级的小个子》

商晓娜《一年级的小豌豆》

方素珍《我有友情要出租》

你家娃还好吧？有没有惹得你抹着胸口说："不生气，不生气，熊孩子，我生的，我生的，自家娃，自家娃。"

播出时间 | 2018年5月17日
主讲专家 | 重庆市江津中医院主任医师　邓玉霞

育子七不责

古人育儿经验丰富，"七不责"是科学的育儿经，即：对众不责、疾病不责、饮食不责、暮夜不责、悔愧不责、欢庆不责、悲忧不责。值得学习和借鉴。

1.当众责骂孩子，会伤害孩子的自尊，给孩子的精神和心理上产生负面影响；

2.责骂病痛中的孩子会雪上加霜，使孩子抵抗力进一步下降，加重原病情；

3.吃饭时责骂孩子，会影响孩子的消化腺分泌，造成孩子的消化功能下降；

4.晚间睡觉前责骂孩子，会影响孩子的睡眠质量；

5.责骂悔责中的孩子，会使孩子悔愧过度，造成孩子性格的扭曲；

6.责骂高兴中的孩子，会淤堵经脉，对孩子身体不利；

7.责骂哭泣中的孩子，会影响孩子的情绪抒发，对孩子身体不好。

科普进一步 | 荐读

现代儿童心理学，更深层次地分析了儿童心理需求的外面表现，父母和准父母们可以买书来学习，开阔自己的视野，同时为更好地养育孩子做铺垫。

开学第一课，为什么孩子要先学"天地人"呢？如何让孩子更加生动、深刻地理解汉字"天地人"？也许我们可以找找趣味，找找知识：从汉字源头起，探寻有什么变化；从古今意义起，发现有什么不同……

播出时间 | 2018年9月13日

主讲专家 | 重庆大学人文社会科学高等研究院副教授　万曼璐

小学第一课，为何先讲天地人

一年级的小朋友进入学校，学习的第一课就是《天地人》。在我们中国传统文化中，"天地人"是特别重要的概念。今天我们就来讲讲"天地人"这三个字。

我们先来看看它们的写法。在甲骨文中，"天" 🕇 是一个正面站立的人形，并且突出了这个人的头部，用了一个像"口"一样的形状来画出他的头。而在一些更为形象的金文中，我们能更清楚地看到这个人的图像，头部完全涂满填实了 🕇🕇。

那么，从甲骨文和金文"天"字的写法来看，"天"一开始指的就是人的头部。这个意思我们今天已经不用了，不过在很古老的时候，人们是会这样用的。比如，我们中国有一部古老的神话书籍叫《山海经》，里面有一个神话人物叫"刑天"，据说他和黄帝争当帝王，黄帝把他的头砍下来了，后来他就用自己胸部来当眼睛，肚脐来当嘴巴。这个"刑天"的名字，就透露出早期人们用"天"来表示人的头部这样的用法。

人的头部就是人身体的顶端，把这个意思延伸出去，就可以用来指称所有事物的顶端，当然，这个用法后来我们也不用"天"字了，而是用跟它读音非常接近的"颠/巅"表示，比如"山巅"。"颠"和"天"是从同一个音、同一个字分化出来的。既然"天"可以指顶端，而在古人的认识中，世界的顶端就是天空，于是"天"这个字也可以用来表示天空了。这个用法逐渐固定下来，而其他的用法渐渐被代替，"天"就主要用来表示天空了。

"地"是一个形声字,左边的"土"表示它的意思,右边的"也"表示读音。我们现在说话发音跟古代相比已经发生了很大的变化,所以今天我们已经看不出"也"和"地"读音有什么相近之处了,不过在这两个字产生的古时候,它们的读音是很接近的。

"人"的古文字字形 ⟩,是一个侧面站立的人形。

我们现在了解了"天地人"它们最早的写法和意思,那为什么天地人要放到一块儿来说呢?我们的祖先很喜欢观察,他们通过观察,发现天地之间,人是最为智慧的生物,是跟天地一样伟大的。如果没有人,谁来发现天地的规律,谁来理解天地的善和美呢?因此,人将自己和天地并立,称为天地人"三才"。这既是人对自己的看法,同时也是对自己的要求。天地生养万物,人既然和天地一样伟大,因此也需要遵循天和地的规律,和天地一起生养万物。

科普进一步 | 荐读

听了这节课,你是不是对古时候的文字产生兴趣了呢?中国目前已经发现的文字,最早的是商朝的甲骨文,就是刻在龟甲和兽骨(多是牛肩胛骨)上的文字。甲骨文已经是比较成熟的文字了,但图画的痕迹还比较明显。商周时期还有一种铸在青铜器上的文字,叫"金文"。到战国时期,以竹简、木牍、丝帛、陶器、玉石等为载体的文字占据了主导,并且在不同地区使用的汉字也呈现出不同的风貌。秦统一中国,取消其他六国文字,以小篆为标准汉字。从甲骨文到小篆,都称为"古文字"。汉代隶书以后,才由点、横、竖、撇、捺等基本笔画构成"今文字"。如果想要一睹汉字发展演变的历史,不妨到河南省安阳县的汉字博物馆一饱眼福哦!

新学子的妈妈们要真想克服自己的分离性焦虑,社会心理专家是特别肯定龙应台这种"不必追"的选择指向的,并提醒一定要懂得孩子社会化实现的必然"分离"道理。

播出时间|2018年5月17日

主讲专家|重庆市协和心理顾问事务所所长　谭刚强

孩子开学上课去了,如何避免"空巢"心态?

大家好,这里是"社科5分钟"。我是重庆市协和心理顾问事务所所长谭刚强。今天和大家谈谈"孩子开学上课去了,如何避免'空巢'心态?"。

每逢9月,就进入学校新学年的开学季。逢此时季,不少妈妈们会在内心形成一种"分离性焦虑"。本来,孩子走进学校上学,尤其是走进学校住读,应该是对平时被纠缠日久的"家养忧烦"的一种解脱,妈妈们应该感到舒心才是。可事实上,这种"家养忧烦"的纠缠因其本质是一种"累并快乐着"的主动选择,所以,在忧烦中蕴含着一种真诚的喜欢和充实。

证据就表现在:当孩子因开学真离家去校,一种空虚和失落却就会凸显出来,并慢慢地占据了妈妈们的整个感官神经,做什么都提不起劲,即便是走回职场了,内心也时不时会念想着对孩子走进学校的不放心。尤其在孩子幼小时,妈妈们的这种空虚和失落表现会更明显一些。一些在上班的妈妈也不时分心,要借助手机,想尽可能多地看到幼儿园老师拍的孩子在园的活动照片、吃饭照片、睡觉照片。如此,自己才能稍稍安心。

不少孩子考上大学的妈妈们,尤其是全职妈妈,也有明显的"分离性焦虑"表现。她们觉得自己照顾了子女十几年,一起熬过了最辛苦的高考,孩子考上大学,说走就走了,家里一下变得空巢起来,不少大一新生的妈妈都会因"和孩子的纠缠"突然丧失而迅速"病倒"或"浑身不自在"。

有人戏称这种心理表现或外显为"空巢"心态,我们该如何看待这种"空巢"心态呢?

其实,对于养育子女,台湾知名女作家龙应台有段话很戳中人心。她说:

"所谓的父母子女一场,只不过意味着你和他的缘分就是今生今世不断地在目送他的背影渐行渐远。你站立在小路的这一端,看着他逐渐消失在小路转弯的地方,而且,他用背影默默告诉你:不必追。"

孩子因长大及走向成熟而分离了,过于"依赖教育孩子"而存在的妈妈们,必然会陡增"空巢"感。妈妈们过度关注孩子,过度插手孩子,过度牵引孩子,并因此过度忽略夫妻关系和自身价值的发掘,过度仰仗孩子的存在而存在,从而陷入对自己生活的不自觉的终极疏忽与否定。如此一久,孩子因社会化成长需要,一旦开学去学校,早已迷失自我的妈妈们,不"空巢"才怪!

妈妈们要想从导致"空巢"的"分离性焦虑症"中走出,最重要的还是要从改善认知入手。

首先,要调整观念,学会对孩子放手。孩子的社会化成长,除了学堂知识学习,还必须学会如何独立生活、照顾自己。因此,家长学会及早放手,孩子就会及早习得自己成长。

其次,面对逐渐长大的孩子,妈妈们应该给予其足够的属于自己的独立发展空间,尤其需要学会与成长中的孩子建立起一套合适的双向沟通方式,以助力孩子学会自主获取有益信息,并锻炼其独立的生活能力和健全的个性。经验一再证明:妈妈们的过度关爱,只会让孩子最终变成"温室里的花朵"。

再次,有善于情趣生活的妈妈,是孩子亲和成长与快乐成长的效仿榜样。因此,妈妈们要尽力丰富自己的生活,扩大自己的社交圈层。妈妈们只有寻找到属于自己的人生价值,培养自己的生活兴趣,形成自己优雅的生活方式,才能摆脱靠"捆绑孩子"来生存的心理悲剧。学会割舍,是妈妈们牟取家庭幸福生活的重要选择。

最后,家庭生活,夫妻为重。当孩子不在身边,妈妈们注重经营夫妻的二人世界时,不仅有利于找回迷失的自我,调适自己的心情,更有利于增进过往关注不够的夫妻感情,弥补或丰富家庭生活的欢悦性。

科普进一步 | 荐读

总之,在一个家庭的良性发展中,越早让孩子学会"心理上断奶",孩子的社会化成熟就会越早实现。而更为重要的是:家长越早接受孩子成年后可能会离父母而去的事实,越早调整自己对孩子成长关爱的重心,越早找到自己生活的价值选择,所谓的妈妈"空巢症",就根本不可能发生或自然避免。

中庸之道，在中国人看来是一个为人处事的标杆，这到底是一种什么样的道理，如何能做到呢？

播出时间│2018年9月20日

主讲专家│重庆大学人文社会科学高等研究院讲师　吴　娇

从《中庸》看人性与修养

"中庸"二字，到底是什么意思？南宋大学者朱熹在他的《四书章句》中，引用了程子的话："不偏之谓中，不易之为庸。"能够坚持一辈子不偏颇而不改变，就是中庸。儒家所提倡的中庸，是一种很高的原则。孔子曾说："中庸其至矣乎，民鲜能久矣。"意思就是说，中庸是很高的原则啊，只是很久没有人能够达到了。

不偏颇，其实就是平衡，如何将我们的生活保持在一个平衡有序的状态之中，这是一门大学问，学会了它，保你一辈子平安喜乐。为什么这么说？因为人活一辈子，不可能一直都风平浪静，如何在风浪中处变不惊，如何在变故后重归平静，都不是易事。比如汉武帝刘彻，年轻时多有政绩，从窦太后手里夺回了政权，推行察举制、推恩令，国界周边的大小国家如朝鲜、百越、大宛、匈奴等，纷纷臣服，有很多惠政。可到了晚年，却疑神疑鬼、穷兵黩武，最后还弄出了一个"巫蛊之祸"，逼得自己的皇后和太子自杀，晚景凄凉。所以朱熹称赞中庸之道是真正对人有用的实学："善读者玩索而有得焉，则终身用之，有不能尽者矣。"这句话的意思是说，善于学习的人钻研它呀，一辈子都受用不尽。

那么如何行中道、持平衡呢？《中庸》开篇连着铺开三句话：天命之谓性，率性之谓道，修道之谓教。这天命啊，汉代人说是老天和天子的命令，宋代人说是天理、是自然规律，一方面有他们的道理，另一方面也带着时代的局限。放到今天，从字面上看，就是老天爷给我们的那点东西，叫作人性。每一个人遵循自己的人性，去走各自该走的路，寻找各自的平衡，就是中道。每个人的小中道合起来，一起推动着世界正常有序、和平稳定地运转，就是大中道，就是大规律，这是朱熹的解释。或者反过来说，稳定的大规律支配着每个人去寻找适合他的生存之道，也是可以的。

讲到这儿，就有问题来了，人又不是生下来就具备完善的自我意识的，一个小婴儿，他哪儿知道自己的天性是什么，又如何去遵循呢？所以紧接着天性人道而来的，就是"修道之为教"，孔子讲"有教无类""因材施教"，都是这句话的先声，虽然都有人性，但毕竟人与人不一样，如何引导他们发现属于自己的道，成为真正的人而不是直立行走的两条腿动物呢？就要靠礼乐教化，将这个"道"慢慢给他培养起来，不栽培，人性就不过是"尘土的结晶"，种子烂地里，给他春风化雨一下，就可以生根发芽，长出智慧的花朵和果实。

"天命之谓性，率性之谓道，修道之为教"，这三句话之所以被放到文章的开头，作者是有很周密的考虑的，他得先把天性、人道、教化的关系说清楚，把修身养性的重要性摆到明面上。

科普进一步 | 荐读

腾讯儒学频道推送有北京师范大学李山教授讲读《中庸》的系列视频，可供想进一步了解《中庸》的读者观看学习。

各位好,国庆节就要到了,你打算到哪里去度假呢?人文之旅还是风景之旅?其实,如果足够用心,便能发现风景中的人文之光。今天的"社科5分钟"带您来到陕西韩城,这里是《史记》作者司马迁的出生地,有请正在那里进行学术考察的《史记》研究专家,康清莲教授带您现场游览司马迁祠。

播出时间 | 2018年9月27日

主讲专家 | 四川外国语大学中文系教师　康清莲

国庆哪里游? 韩城

大家好,国庆长假马上就到了,到哪里去玩比较有意义,比较有意思呢?康老师想给大家推荐陕西的韩城。韩城是一个人杰地灵的地方,伟大的史学家司马迁就出生在这里。

在《太史公自序》里面,司马迁说自己"迁生龙门,耕牧河山之阳",说自己出生在龙门。龙门是一个有底蕴有故事的地方,一是有一个神话传说"鲤鱼跃龙门"。其次,据说大禹治水曾经疏凿过这里,所以这个地方是一个比较有灵气的地方。"耕牧河山之阳","河",黄河;"山",龙门山。他在十岁之前在自己的家乡耕种放牧,司马迁之所以把它写进《太史公自序》,我想就是家乡的山水陶冶了他,滋养了他。司马迁的《史记》问世以后,后人给予了他很高的评价。比如说鲁迅评价它"史家之绝唱,无韵之离骚",就是说《史记》是前无古人后无来者的伟大的巨著。所以,司马迁去世以后,很多人都纪念他,在韩城修建了司马迁祠,我们现在看到的司马迁祠是元代最后修成的。

司马迁祠是一个很值得一去的人文景点,一进入那扇门就有一个匾额,上面大书了四个字——高山仰止。"高山仰止"是出自《诗经》。《史记·孔子世家》里面,司马迁在最后的"太史公曰"也写了"高山仰止,景行行止,虽不能至,然心向往之"。高山是供人瞻仰的,大路是供人行走的,我虽然不能够回到他那个时代,但是他让我们心向往之。

进入山门以后，沿着崎岖不平的山路，慢慢地爬到山顶，就是纪念司马迁的祠。祠堂的上面也有一个匾叫"史圣千秋"。司马迁被尊为"史圣"，大家觉得他在史学上的贡献是可以永垂不朽的，从司马迁祠走出来就是司马迁的墓。当然这个墓实际上是一个衣冠冢，因为司马迁究竟是怎么死的，这已经成了千古疑案。但是让人觉得无比神奇的是，司马迁的墓上面长了一棵柏树，郁郁苍苍，分成五支，人们就说分的那五支意味着"五子登科"，这就说明司马迁真是我们的"文曲星"。当然，这是后人对他的一种美好的怀念。

司马迁的墓面朝黄河，它的背后是陕西，前面是山西，我觉得这个地方气势非常的雄伟，可以居高临下，心胸无比开阔。在陕西韩城除了司马迁祠，还有一个党家村，家家户户的门楣上都写了"耕读世家""耕读传世"之类的对联匾额。

总而言之，我觉得韩城这一块地方蕴含了厚重的人文底蕴，真的是值得去看的，尤其是带着孩子，一家人去一定会收获颇多。

科普进一步 | 荐读

"读万卷书，行万里路"，翻译是文化的旅行，旅行是文化的翻译，多出去走一走，总会大有收获的。

有一个作家，她认为"一个孩子，从来没有人阻止他徜徉于这些书籍之中，简直像中了彩票一样幸运"。幸运的是，她中了这样的彩票，还拥有着自己的书房，可以徜徉在阅读的天地里。后来，她为更多的小朋友写了动人的童话。她就是法吉恩。法吉恩会告诉我们，童年的阅读是如何塑造她的一生的。

播出时间｜2018年9月27日
主讲专家｜重庆第二师范学院学前教育学院教师　江　雪

除了考试，还得有个小书房
——法吉恩和她的《小书房》

大家好，我是江雪！很高兴这一次又和大家在"社科5分钟"的平台见面啦！好像有很长一段时间没有和大家聊一聊关于儿童文学的事情了。这主要是啊，我最近都是收拾房间，想要把我那些乱七八糟的书都重新整理一遍。这时候我就在想，要是有一个小书房就好了。不知道各位家长朋友，你们给孩子买的书一般都是放在什么地方呢？是不是有一个小书房呢？

一位叫依列娜·法吉恩的儿童文学作家就有一个非常棒的小书房，让她整个童年都充满了阅读的快乐和欢欣。这让她成年之后都念念不忘，以至于将自己的一部童话集命名为《小书房》。有一些朋友可能对法吉恩不太熟悉，但是我要说的是安徒生儿童文学奖第一年颁发给的作者，就是这位儿童文学作家，也就是在1956年，《小书房》出版后的第二年。

法吉恩出生在1881年的英国伦敦，她小时候是没有接受过正规教育的。不过，她的父亲是一位作家，家里堆满了书。这给没有受过正规教育的法吉恩打开了一个庞大的又充满智慧的世界。法吉恩自己就觉得"有书读没衣穿，比有衣穿没有书读的日子过得更正常。没有书读，就像没有饭吃一样不正常"。所以，她经常待在自家全是书的书房里面。她将其比作花园，认为"一个孩子，从来没有人阻止他徜徉于这些书籍之中，简直像中了彩票一样幸运"。不知道家长们小时候或者你们的孩子现在有没有这样的感受。法吉恩的作品有《小书房》《马丁在苹果园》《万花筒》《鸟儿街的岛屿》等等。

不过，我最喜欢、也是今天要向大家介绍的是安放了法吉恩孤独又充实童年的《小书房》。

《小书房》的中文版本也被叫作《玻璃孔雀》，是由多篇短篇童话组成的童话集。当我们打开这部童话集的时候，我们会发现原来童话可以这样深奥又充满梦幻的甜蜜。说它深奥，是因为法吉恩的这些短篇童话都不只是单纯地给孩子们塑造笑笑闹闹的世外桃源，她在讲述童话中关于人和世界的关系，例如在《国王与玉米》中那个永远把金灿灿的玉米看得比国王更加永恒和荣耀的傻子威利，其实是最有智慧的人。童话《金鱼》里，那只活在大海里的金鱼渴望去看世界，而船却告诉他你就活在世界里。它不相信，觉得自己并没有看到这个世界。当它被放到鱼缸里，它才觉得真正看到了世界。你看，有时候我们以后要看的世界其实并不是像我们想的那样大。

有的家长朋友可能会有疑问，这么深哲理的童话，会不会很无趣，小朋友会不会看不懂啊？

大家不用担心，孩子也许不像我们一样去理解字词背后的深厚含义，但是他们却能通过法吉恩有意思的童话故事去隐隐约约地触摸一些哲理的大门。他们只是换了一个角度看世界。记得德国的一位哲学家里夏德·达维德·普雷希特曾经在《哲学家与儿童对话》里就曾谈到，孩子是天生的哲学家。所以，也许你的孩子比你更能理解法吉恩童话里的那个坚定认为父亲的玉米比国王的王冠更有价值的傻子威利，更能理解在火山爆发时小女孩玛丽埃塔非要倒着跑回去亲吻一下她的桃树。而这一吻，让火山的熔岩改道，救下了整个村子的人们。

在《小书房》这部作品中最不能错过的是法吉恩的奇思妙想，不是调皮捣蛋和冒险，而是关于生活的期待和希望，对美的呵护和憧憬。在《穷人岛的奇迹》里，穷人岛的人们生活艰辛又困苦，但是大家都非常爱岛上唯一的玫瑰花——小女孩洛伊丝照料的玫瑰花。虽然生活困顿贫穷，但见一见玫瑰花就会觉得充满希望。女王无意间见到了穷人岛上的穷人，非常悲悯，于是决定到岛上慰问大家。而穷人岛的人们并不因为贫穷自卑，而是想要将岛上最美的玫瑰花呈现给女王看。洛伊丝为了不让女王沾上污泥，忍痛将玫瑰花瓣和叶子撒在了道路上。女王感受到了洛伊丝和大家的真诚和美，而这种对于美的呵护和体验最终让女王的祝福和玫瑰花的爱的力量保佑了洛伊丝的爸爸和无数妇女们脱离危险。即使身处逆境，我们也永远不会忘记代表希望和美的玫瑰花。

读一读《小书房》，也许我们就能知道那样孤独又充实的童年是如何被安放进窄窄又浩瀚的小书房中。世界或许会艰难，孩子们也会遇见各种事情，但爱、美和智慧将永远伴随我们的阅读存在。

这一次，我们相约《小书房》，下一次，我将会带着大家去认识一个不讨人喜欢又让人特别爱的小女孩长袜子皮皮。

科普进一步 | 荐读

著名儿童文学作家漪然凭着对儿童文学的热爱，创建了国内首个公益性的儿童文学网站"小书房"。"小书房"这个名字就是取自法吉恩的《小书房》。

漪然不仅创办了"小书房"儿童文学网站，还自己进行创作、翻译，推动着当代中国儿童文学的前进。由她翻译出版的《不一样的卡梅拉》至今仍然是不少小朋友的案头之爱。

这一阶段最大的成长特征就是"半是成人半儿童",是一个拼命想疏离家庭亲近同伴的阶段。所以,同时也是自身从幼稚走向成熟、从依赖走向独立的过渡时期,也是对人生、社会和未来充满幻想与好奇的"多梦季节"。

播出时间 | 2018年10月11日

主讲专家 | 重庆市协和心理顾问事务所所长　谭刚强

初中生需要知道的心理学常识

　　大家好,这里是"社科5分钟"。我是重庆市协和心理顾问事务所所长谭刚强。今天和大家谈谈"初中生需要知道的心理学常识"话题。

　　从成长来讲,初中生阶段是个人发育正式进入青春期的花季成长阶段,是自身身体和心理发育最为剧烈的时期,是迈向最充满激情、浪漫和创造力、活跃力的时期。

　　从认知与情感角度来看,这一阶段是个体发展的最为特殊的时期,是心理功能受阻的易发期和多发期,伴随着成长的欣喜、生活的苦恼、学习的压力、情感的吸引,种种感情交织在一起,年轻的心变得十分敏感和冲动,作为花季少年的初中生,既容易有绽放的欣喜,也容易有凋落的忧伤。因此,人在初中阶段,特别渴望友谊、渴望理解、渴望自由,有时太多的渴望也容易产生一系列的"骚动的、矛盾的、动荡的、暴风雨式"的心理问题。

　　为自身成长考虑,初中生需要知道的一些基本的心理学常识,用以指导自我健康成长或快乐成长。当然,作为孩子家长的爸爸妈妈们,若也能知道和了解这些心理学常识,在辅导或牵引自己初中生孩子的顺利成长时,也更能事半功倍。

　　初中生需要知道的心理学常识,主要是基于自身社会化成熟的需要和健康成长、快乐成长的需要。由此出发,作为成长中的初中生,最应当掌握的心理学常识,借用教育心理专家余苗老师的建议,主要是在这几方面:一是要学会认识自己的人格魅力——做最好的自己；二是要学会控制自己的不良情绪——做好脾气的自己；三是要学会借助思维训练，让自己的头脑更快乐、更明白；四是要学会和他人和谐相处，明白照顾他人就是成就自己；五是要学会巧妙控制别人的言行，以成功、娴熟的技巧来增进和同学的交流；六是要学会发挥好自己最大的优势，以自己最好的努力来博得师友的点赞；七是要学会保持开心的秘诀，用健康心理学来支撑自己的成长。

借助于初中生需要知道的心理学常识学习，初中生可了解到自身的"四大心理需要"和"三种变化"。

"四大心理需要"：一是爱和成人关心的需要；二是自尊和受他人尊重的需要；三是自主和独立的需要；四是求知和学习成就的需要。

"三种变化"：一是更强调竞争，尤其是学习上的竞争；二是两极分化越来越严重，因而会导致出现部分学生厌学现象；三是普遍会出现生理与心理的变化。

借助于初中生需要知道的心理学常识学习，初中生还可了解到个体心理健康的基本标准：一是有基本的自我安全感；二是能很好地了解自己，并能恰当地估价自己的能力；三是生活理想切合实际；四是不脱离周围现实环境；五是能保持人格的完整与和谐；六是善于从经验中学习；七是能保持良好的人际关系；八是能适度地宣泄情绪和控制情绪；九是在符合团体要求的前提下，能适当地满足个人的基本要求。

如此，也能找到摆脱忧郁情绪的方法：一是不要为自己寻找借口；二是再给自己一点爱；三是分散自己的注意力；四是改变自己的行为；五是走出忧郁，创建"多人空间"；六是了解自己的极限；七是寻找心灵的绿洲——让身心安宁的放松术和冥想术；八是相信自己，也相信他人；九是计划一些积极有益的活动，应付枯燥的生活；十是向朋友诉说自己的烦恼；十一是看到事情的光明面——宽容、自嘲及"愉快疗法"；十二是把复杂问题分解成简单的问题；十三是倾尽全力完成一件事；十四是用运动作为自救的基础。

在心理学常识学习中，只要我们善于紧扣青春期心理知识、学习心理学知识、人际关系心理学知识等方面的学习，就一定能在自己的成长中提升自我的青春期成长养成力、学习成长养成力、社交成长养成力。

随着手机社交平台的普及和微信社群交流文化的兴起，现代信息互联交互分享的世界。微信既成了家长与老师之间沟通的桥梁，也成了家长主动参与家教效度方法自觉提升与讨教的平台，更成了部分家长展示与炫耀自我家教功效或争宠的舞台。

播出时间 | 2018年10月18日
主讲专家 | 重庆市协和心理顾问事务所所长　谭刚强

家长群，一个专属的社会小江湖

大家好，这里是"社科5分钟"。我是重庆市协和心理顾问事务所所长谭刚强。今天和大家谈谈"家长群，一个专属的社会小江湖"这个话题。我将从社会心理学角度给大家解读下家长群的种种现象。

不管怎样，"家长微信群"已几乎成了当下每个小学班级和幼儿园的标配。

有一句话是这么说的——有人的地方，就有江湖。事实也的确如此。花有百样红，人与人不同。家长群本就是个小社会，由于不同家长个性与价值取向的不同，在任何一个家长微信群里，都会有各种各样的角色呈现。"宫心计"也会在群内上演。家长群一方面方便了家长与学校的沟通，另一方面又给部分家长、老师带来了很多的压力。

有些家长时刻关注微信群，是生怕错过老师发布的重要消息；有些家长是借助家长群平台，趁机炫示自己的家教荣耀；有些家长则是利用家长群聚集公众舆论，或施压于班主任老师，或施压于某些看不顺眼的家长；有些家长则乐意于在家长群无端挑事……也有个别班主任老师借助家长群发号施令，或展示一种任意批评的威权，或暗示一种不端的牵引。

你只要仔细观察，就会明显看到家长群客观存在的五大现象：一是为让家长充分了解孩子的在校情况，有老师追着孩子每天拍数十个视频直播校园生活；二是有家长在群里用尽各种赞美之词，或各种好话讨好老师，引发起其他家长的连锁跟风；三是幼儿园的孩子老师偶尔会在群里布置一些作业，拍照片上传到群里,说是孩子的作业,实际上却是需要家长陪同孩子完成,甚至直接代劳的作业;四是有的家长看到自认为对别人有用的信息,就会分享到群里面,引起大家的讨论,这样反而打扰了别人,甚至时常把老师发的重要信息淹没掉了;五是有些家长不时会在群里发布一些广告、点赞、助力、投票抽奖类的信息,让其他的家长十分反感。

由此可见,家长群的江湖的确是由"讨好点赞派、晒娃显摆派、过度关注派、什么都发派、群里开斗派、小圈子派"等多元形态构成。对此社群平台的运用,老师和家长们的心态也多是"爱恨交加"的。

老师和家长们想要善用好"家长群"的价值来助力教育,必须明白:它只是学生班级生活世界的虚拟外延。因此,老师必须主导家长群的话题走向。家长则完全没必要视刷"存在感"为主导。家长群既然是班级生活的虚拟外延的交流通道,家长就应当在班主任老师的引领下提出问题,或者在老师交代任务后尽情地表达自己的观点,而不是在老师在群里发言之后刷屏大量的"收到"等无意义消息,或是分享一些和学校内容无关的养生知识,育儿之道之类的消息。在交流中,遇见家长的观念出现问题或者意见出现分歧的时候,教师应及时引导,帮助家长理解,同时应鼓励所有家长积极互动,减少"潜水"人数,另一方面尽量减少群中的"话霸"现象。

当然,在线的"家长群"的功能再强大,也不可能代替家长和老师面对面沟通的效能。

科普进一步 | 荐读

老师在牵引群规则的执行效度时,也应该多顾及家长的情绪,多给家长们交流一些孩子们的正向案例或者可训练的正面作为。家长群作为一个很好的家校沟通交流平台,如果合理利用,可以成为更好畅通老师、家长的交流渠道,提升家校协同助力孩子成长的效果。

0～6岁是孩子变化最为迅速的时期，也是对人一生影响最大的阶段。看着精灵古怪、每天都在改变的宝贝，你是否会有这样的疑问：这个阶段的孩子应该什么样？我的孩子表现正常吗？该怎样引导这个阶段的孩子？其实，孩子成长的每个阶段都有其发展的核心任务，了解这些，科学养育孩子将变得不再困难。

播出时间 | 2018年10月18日

主讲专家 | 四川外国语大学心理学教师　张艳萍

陪孩子、带娃娃，你真不一定会

大家好，我叫张艳萍，我的研究兴趣是早期亲子教育，很高兴今天可以跟大家分享相关的话题。

心理学所说的教育是广泛意义上的教育而不是单纯的知识教育或学校教育，也就是指孩子受到的来自环境的影响。从发展心理学的角度看，早期教育是指孩子从出生到上小学前这段时期所受的教育，在年龄段上一般为0～6岁。

研究显示，0～6岁期间的经历对人的性格养成、情绪健康状况、能力发展水平、人际交往模式、幸福感体验，甚至事业成败均有不可忽视的影响。越来越多的家长意识到了这一点，也愿意投入时间和精力。但是面对纷繁复杂的教育信息，层出不穷的各种教育观点，不少初为人父母者倍感焦虑。

今天我想跟大家分享的是早期亲子教育的核心理念，这些理念被不同心理学大师共同提出，同时已经得到了大量的研究证实。我把这些总结为三句话，希望可以帮助您更灵活地教育婴幼儿。

第一句话，充分满足0～1岁孩子的所有需要。0～1岁被弗洛伊德称为"口唇期"，认为这个时期孩子的需要是否得到满足将影响孩子的性格。发展心理学家哈罗通过对刚出生小猴子的实验研究，发现新生儿的最大需要不是奶水而是身体接触带来的爱和安全的体验。同样，心理学大师埃里克森也认为，这个时期孩子的重要任务是安全感的获得，这是孩子积极乐观的人格品质的来源。孩子的安全感来自需要的充分满足，也就是，孩子想要抱就有人抱，饿了就有人喂吃的，尿了有人换纸尿裤，想睡觉可以舒服地睡觉，想玩有人陪着玩，这就是得到了满足。当然，也不能过度满足。比如，有些妈妈喜欢用喂奶来哄爱哭的孩子，而不管他是否真的饥饿，这就是过度满足了。

第二句话，积极帮助1～3岁孩子完成母婴分离。1～3岁是形成亲子依恋关系的重要时期，从半岁开始，孩子就呈现出对某些人的特别依赖，最后大多数会更依赖妈妈。到2岁左右，有些孩子甚至只要妈妈而不要家庭其他成员，对妈妈表现出情感上的强烈依恋。如果这个阶段引导得当，孩子在3岁左右又可以接受与妈妈的分离，这才是安全健康的亲子依恋关系，也是孩子初步具备了情绪管理能力的表现。因此，这个阶段父母的主要任务是帮助孩子顺利完成母婴分离。一方面，爸爸要有更多的陪伴，让孩子的情感可以投放在其他人身上；另一方面，妈妈和家人要用循序渐进的方式帮助孩子完成脱离，比如妈妈在去上班之前需要提前告知，并承诺晚上回家，回家的时候再次重申妈妈说到做到了。这样逐渐帮助孩子形成一种"妈妈是值得信任的，妈妈离开了还会回来"的心理感受，利于孩子实现母婴分离。这个阶段切不可恐吓或者欺骗孩子、如有的妈妈不愿意面对孩子的哭闹就悄悄离开，或者家人骗孩子说妈妈在家，或者恐吓孩子"再哭妈妈就永远不回来了"，等等，这些都只会延长分离期，造成孩子更强烈的焦虑。

第三句话，高效陪伴3～6岁孩子尽情玩耍。3～6岁被称为学龄前期，孩子进入了生理、心理发育的高峰期，身体的迅速成长让孩子更有能力和精力玩耍，这也非常符合孩子心理发展的需要。因为看起来不务正业的各种游戏，其实是孩子了解这个世界、探索自身、明确自我与外界环境关系的重要途径和方式，孩子的认知能力和思维能力也是在游戏中得到提升，从而为未来的复杂学习做准备。因此，这个阶段父母的主要任务是更高效地陪伴孩子玩耍。所谓高效，是指父母要将自己变成孩子，真心地投入游戏，真正享受与孩子玩耍，带领孩子玩各类不一样的游戏，和孩子一起解决游戏中的问题。这样孩子会更愿意与人相处，与人合作，这将有利于孩子未来的社会适应。

以上就是我今天想跟大家分享的早期亲子教育的核心理念，归纳起来其实就是三个核心词：充分满足，逐渐分离，高效玩耍。如果您的孩子正处于这个阶段,希望今天的分享会对您有所帮助。

科普进一步 | 荐读

　　谁都不是天生的父母,为人父母也需要不断地学习,更需要科学的方法,把握孩子在不同年龄段的心理发展特征是父母科学养育孩子的基础。"社科5分钟"推荐你阅读美国作者简·B.布鲁克斯所著的《为人父母》(第六版)(上海人民出版社)。该书作者拥有渊博的专业知识和丰富的个人经验,是一位儿童发展领域的专家。这本书第二部分讲述了个体从出生到成人期的阶段性发展、养育重点及可能会出现的实践问题,中间穿插作者的育儿故事,具有很好的指导性。同时作为一本专业著作,该书也可以作为研究养育问题的基础读物。

敲键盘打字多了,手写汉字有时觉得陌生了。"玩具"的"具"里面到底是几横?有人做了调查,发现过半网友回答错误。其实,从汉字起源去找依据,可以让你不仅知其然,还知其所以然。

播出时间 | 2018年10月25日
主讲专家 | 重庆大学人文社会科学高等研究院副教授　万曼璐

"具""直"究竟是几横?

　　最近很多朋友都在讨论"具""直"的框里面究竟是三横还是两横。说真的,多看几遍啊,明白人也会开始糊涂:它们究竟是几横呢?翻翻《新华字典》,它会告诉你这几个字的框里面都是三横。可是,汉字类似的字形一般都是两横,为什么这几个字是三横呢?究竟是依据什么来确定它们的笔画数的呢?今天我们就来聊聊这个问题。

　　我们先来看看"具"字。今天我们常常把这个字用作名词,比如"家具""工具",也可以用作动词,"具有""具备"。在古汉语中,也有名词和动词两种用法,不过,意思有一些和今天不完全一样。比如孟浩然《过故人庄》"故人具鸡黍,邀我至田家",这里的"具"作为动词,意思跟"具备"有点接近,但又不是"具备",而表示"准备"。再如《战国策》里讲到战国四君子之一的孟尝君,他有一个食客,也就是宾客,一开始被人瞧不起,"食以草具",别人给他吃"草具",这里的"草具"自然不会是草制的器具,而是指粗劣的饭食。从《过故人庄》和《战国策》这两个例子,我们隐约能感受到,古汉语里的"具"无论动词还是名词,似乎都可以跟食物有关。的确如此。"具"字的早期字形就透露出这一点。在甲骨文里,"具"是两只手捧着一个鼎,🦕。鼎是古代烹煮食物的器具,两手捧鼎,表示准备好食物供给宾客吃。这就是"具"最初的意思,后来一步一步引申、泛化,产生了现在常用的这些意思。在字形上,由于"鼎"写起来要复杂一些,于是这个鼎逐渐开始简化,先是简化成"贝(貝)",🦕,后来又简化成"目",🦕,下面的两只手演变成"廾"。这样，"具"就成了从目从廾的昇。"目"两边的竖线和"廾"的两条竖向的线再连起来，就变成了现在所写的"具"字。原来"目"中间的两横，加上外框下横线，就变成了"具"中间的三横；两只手的"廾"那一横，成了"具"下面的一长横。

"直"的情况也差不多。甲骨文写法是"目"上面画了一根直的竖线，，表示"直视"。到了金文以后，在下方往往会加上一个表示区域的竖折，，篆文。加上表示区域的竖折，可能是因为建筑往往需要直。后来，这个表示区域的竖折跟"目"融到了一起，竖折下面的折成为"直"最底下的一条横线，而"目"中间的两横加上外框的下横线，变成了中间的三横。

由此我们可以知道，汉字一般用两横，而当两横的线和其他部分的横线合起来的时候，它就有可能变成三横。

科普进一步 | 荐读

使用语言和文字，是我们日常生活中最平常最普通的事情了，却也最容易被忽视，很少有人去想，我们为什么这么说、这么写。读了这篇文章，也许勾起了你打破砂锅问到底的念头了吧？那么，如果我们想要了解一个字为什么要那么写、那么写有什么含义，可以参考什么书呢？在这里，"社科5分钟"推荐《说文解字》。它是东汉许慎所著的第一部系统分析汉字字形和考究字源的字书，也是世界上很早的字典之一。

孩子们善良、可爱、天真无邪,是世界上最美好的"礼物"。幼儿由于语言发展的局限,遇到暴力伤害事件后,情绪难以表达,恐惧、无辜的眼神常常让家长崩溃,以至无法弄清楚孩子最害怕的是什么,最需要的是什么,怎么做才是最好的。

播出时间 | 2018年11月1日

主讲专家 | 重庆邮电大学社科处副教授　杨　帅

幼儿遇暴力伤害,怎么减少恐惧

朋友们,大家好,我是重庆邮电大学杨帅。

面对突然发生的暴力伤害事件,受害人的身体和心理健康都会面临着极大的危机。对儿童来说,最直接、最明显的表现是,破坏儿童的安全感、信任感和人际依恋关系。那么如何才能帮助儿童早日康复、走出阴霾呢? 家长朋友们可以从以下几个方面着手。

首先,是增强儿童的安全感。

儿童的安全感主要来源于能直观感受到的物理环境,还有亲人肢体和语言交流。所以建议家长:一是尽量给孩子营造安全舒适、熟悉亲切的环境,比如,可以把他/她平时最喜欢的玩具放在眼前;二是通过陪伴和肢体语言传递爱和安全感,比如拉着孩子的手,轻拍、抚摸儿童背部,把他/她搂在怀里,并且避免让儿童暴露在他/她害怕的人和害怕的环境当中;三是反复用温和、坚定的语言让孩子确信,家人会陪他/她渡过难关。

其次,是正确对待孩子在伤害事件后有可能出现的问题行为。

在伤害事件后,孩子可能会表现出以前没有的行为,如,特别黏人、特别爱哭、动不动就发脾气、甚至有噩梦、尿床等。建议家长:一是要认识到,这些状况都是孩子在遭遇伤害事件后的正常反应,是他们应对危机的特有应对方式,通过适度表现出问题行为,减轻内心深处的压力;二是孩子表现出这些状况时,家长不要责备他们,而是表现出足够的接纳和理解,通过游戏引导他们进行合理的宣泄,在游戏中发泄出委屈和愤怒;三是即使在感受到孩子的变化时,也要经常表达出对孩子无条件的爱,"妈妈爱你哟",在这个基础上,通过日常训练慢慢引导他们恢复正常行为。

再次,是重建儿童对负面事件的认知。

暴力事件发生后,对每个受害孩子的影响程度是不一样的。有的孩子很快就会忘却,有的可能成为一生的阴影。这跟孩子身体受伤程度、孩子本身的性格、家庭氛围都有关,但不得不提的是,儿童对事件本身的认知也是其中的重要因素。所以,当不得不面对孩子对恶性事件的疑问时,建议家长从积极的方向进行引导,给孩子传递正面信息,告诉他们这种事情是偶然的、突发的,作恶者的心理和精神出了问题,他们糊涂了,如果没有病,他们一定不会这么做。给孩子输入希望,让他们相信这个世界是美好的,减少孩子的不安全感,避免他们将来对社会的仇视。

最后,是淡化处理孩子遭受的消极影响。

与大人相比,孩子是"善忘"的,包括他遭受的伤痛。这种"善忘"对孩子的成长来说,具有非常重要的积极意义,是他们成长中的礼物。所以建议家长,要保护好,而不要剥夺这份可贵的礼物。在孩子康复过程中,避免过度关注、强化他/她曾受到的伤害。要相信孩子的自愈能力和内生的成长力,尽量像对待正常孩子一样对待他,必要时转移孩子对事件的注意力,引导其积极投入正常的娱乐学习和生活。

此外,还应注意:营造温暖和睦的家庭环境,家庭成员之间要相互支持,孩子看护做到轮流分工,避免出现过度劳累、身体健康问题;寻求家庭成员、周围亲戚朋友的支持,必要时加入相应的社会团体和组织,共同面对;家长应注意饮食、睡眠、锻炼等问题,保持身体健康。

如果一段事件后,孩子或家长仍然表现出躯体或情绪方面的困扰,建议向专业机构寻求帮助。时间是治愈一切的良药,暴力伤害事件发生后,伤痛不可避免,但终将被化解。愿每个生命都能够被这个世界温柔以待。

巾帼英雄,戎马倥偬,你会想到谁?花木兰、穆桂英、梁红玉……这些家喻户晓的女英雄们在文学作品中熠熠生辉,然而,事载史书且见于诗者绝少。唯有《明史·将相列传》唯一记载的石柱土司秦良玉能上阵讨逆、披荆斩棘、守护家园、保卫平安,明怀宗赐诗"桃花马上请长缨",今天让我们来认识一下这位石柱土家女将军——"忠贞侯"秦良玉。

播出时间 | 2018年11月01日

主讲专家 | 西南大学文化与社会发展学院实验师　罗婷婷

秦良玉? 这位女将不得了

一、廪君遗裔,巾帼子息

万寿寨村,位于石柱土家族自治县城东16公里的万寿山上,海拔650米至1600米,气候宜人,山上的"男石硅"和"女石硅"是石柱县的标志性自然景观,石柱县因此而得名;万寿寨村左倚方斗山、右邻沙子镇,与梅子山隔蚕溪河相望。《巴族史操微》在认证廪君族发展路线时认为万寿山人是古巴人的遗裔,距万寿寨村十多公里处的回龙山上仍有保存完好的巴人悬棺,距今约1800多年;而《马氏族谱》记载,自汉伏波将军马援第三十九代孙马定虎于南宋时因平五溪蛮入境以来,万寿寨村可考历史约800年。万寿山寨建立以来,土家族族人世代居住于此,有"汉不入境,蛮不出境"的传统。万寿寨村既因地理位置而得名,又因正史将相列传唯一记载的巾帼英雄、"忠贞侯"秦良玉而闻名——山顶有二品诰命夫人秦良玉构筑的御敌兵寨遗址"万寿寨";万寿山奇峰突兀、四周险峻,但山顶平阔、水源充足,万寿寨依山势而建,上平下险,四面悬崖绝壁,仅寨东有独路可攀,这样的地理位置造就了万寿寨村"一夫当关万夫莫开"的军事政治地位。

二、为贤是取,血缘主导

军事上,万寿寨村采用了常规军与募兵相结合的制度。村内的常规军即职业军人,人称"白杆兵",是土司马千乘训练的一支善于山地作战的特殊兵种。此兵种所持的白杆枪是用结实的白木(白蜡树)做成长杆,上配带刃的钩,下配坚硬的铁环,作战时,钩可砍可拉,环则可作锤击武器。当年秦良玉就率领这支军队参与了平播、平奢、援辽、抗清、勤王、剿匪诸役,获得赫赫功勋。募兵是平时在家耕作的男丁,战事吃紧时放下手中农活出来扛戟,作战期间全家免去徭役赋税,获赐土地房屋,战争结束后又各自回家继续从事乡间劳动。

政治上,万寿寨村土家族的土司制度是土司辖区的基层政权,是军政合一的旗甲制度,土老司既是山寨的最高行政长官,又是村里的最高军事首领,土司衙门(大都督府)里有土老司的血亲担任的"金事""舍人""把人""家政"等一大批家臣,如同内务府,负责土老司及家人的生活起居。土老司的产生——为贤是取:一是会巫术,能治病救人的红衣教主,如"梯玛";二是远见卓识带领土民找到"产粮土地"的先祖,如廪君;三是本领超群能带领土民外御其侮的军事人才,如万寿寨的第一任土司马定虎。此后,土老司的承袭以血缘为主,明代土司各官的承袭,顺序依次为:长子、长孙、婿、妻、舍人(土司家族)、女及外亲;关于承袭人的宗支嫡庶次序,清代规定:土官病故,或年老有疾请代,"准以嫡子嫡孙承袭;无嫡子嫡孙,则从庶子庶孙承袭;无子孙,则以弟或其族人承袭;其土官之妻及婿有为土民所服者,亦准承袭。秦良玉的丈夫马千乘是世袭石柱宣慰使(俗称土司),被害后,因其子马祥麟年幼,秦良玉于是代领夫职。

三、戎马倥偬、爱国情怀

秦良玉承袭夫职后,以方斗山马氏祠堂石峰寺为宗族管理机构,在万寿山建寨备战:泰昌元年(1620年)出兵援辽东抗击后金,获赐朝廷三品土司;天启元年(1621年)率兵援榆关(今河北山海关)解沈阳围,获赐朝廷二品土司,并获封诰命夫人;天启二年(1622年)拒绝奢崇明金银丝绸,发兵南坪关解成都之困;崇祯三年(1630年)以家产做军饷逼退皇太极;崇祯七年(1634年),率军援川东夔州(今重庆奉节),张献忠不战而走;崇祯十三年(1640年),率兵追至马家寨,罗汝才仓皇败走……

在风雨飘摇的明末乱世,大明王朝山河破碎,百官纷纷屈膝投降。然而,在西南边陲,一个女子,却手持白杆枪,身骑桃花马,本着精忠报国的信条,四处征战、不畏艰险、屡建功勋。崇祯十七年(1644年),年过古稀的秦良玉再着戎装、上阵讨逆、意志如铁,张献忠到处招降四川土司,却不敢来石柱。石柱万寿山寨为汉族衣冠留下最后一片港湾。在国家危难、内忧外困之时，一个女子，一生征战沙场，爱国之心，老而弥坚。"学就西川八阵图，鸳鸯袖里握兵符。由来巾帼甘心受，何必将军是丈夫。"秦良玉一生戎马倥偬，战功赫赫，她对自己生长的国土和民族深切的依恋之情，为国奉献、对国家鞠躬尽瘁死而后已的责任之心，在历史的长河中，经过千百次保家卫国战斗的激发、凝聚，升华为整个土家民族恋家园、爱祖国、守护山河的心理认同，并深深地影响着后世子孙。

四、家户崇拜，地缘信仰

时至今日，在万寿寨村土家族人的信仰中，英雄人物的爱国情怀是滋养土家人精神世界的重要源泉：万寿寨土民崇拜祖先，认为在塑有天地公、天地母的"仙人洞"里摸一小撮"神土"可以包治百病，这是祖先对土家人的庇护和眷顾；崇拜英雄人物——崇敬带领族人开疆辟土的"廪君"，崇敬保家卫国的巾帼英雄"秦良玉"，新中国成立后崇敬带领人民当家作主的"毛主席"，万寿寨村内土民堂屋一角的神龛上供奉着他们的神像，每一次对英雄人物的瞻仰都是一次爱国恋家精神的洗礼。

从古巴国土老司统治的奴隶制度，到南宋御赐安抚使、宣抚司管理下的土司制度，到明末改土归流后的流官制度，时至今日的新农村；在1800多年的历史长河中，万寿寨村土家族人经历了奴隶主私有、土司权威、封建流官、农民私有、村集体所有等所有制时代，逐步废除了土老司领导下的奴隶制度，实现了广大土民的民主、自由、平等，万寿寨人的等级观念已逐渐淡化，但传统的血缘主导、为贤是取、家户崇拜、地缘信仰等传统依旧潜移默化地影响着后世子孙；如今，深深地根植于万寿寨土家人内心深处的爱国主义精神在建设社会主义新农村的实践中再一次升华，土家族人民对这片土地更加热爱、眷念。

科普进一步 | 荐读

对女英雄感兴趣的你，想要更进一步的话，"社科5分钟"推荐阅读石柱土家族研究丛书《石柱土司史料辑录》。这是石柱土家族自治县人民政府地方志办公室以史书、地方志、族谱、少数民族史料辑录等文献为依据，整理的石柱土司沿革、政治、经济、军事、文化习俗等方面的资料，既尊重了历史的客观性，又通俗易懂。读完你也许会和明思宗一样感慨：试看他年麟阁上，丹青先画美人图！

旅游已成为现代人生活中非常重要的内容之一。一次成功的旅程是自然与人文双重体验的完美结合。当您乘坐轮船畅游三峡时，一定会被三峡雄伟壮观、山清水秀、绚丽多彩的自然风光所吸引。然而，三峡不仅有美不胜收的自然景观，还有精彩纷呈的非物质文化遗产。

播出时间│2018年11月1日

主讲专家│重庆三峡学院教授　　陈兴贵

三峡最美声音——石柱土家族啰儿调

　　三峡文化源远流长，博大精深，是中华文明的重要组成部分。在漫长的历史进程中，三峡地区各族人民在生产生活实践中创造了丰富多样的非物质文化遗产。这些遗产具有丰富的内容和形式，蕴含着深刻的文化内涵，是三峡人民的历史记忆和传统生活方式的"活"的显现，是最能彰显三峡文化特色的代表性文化形态，是认识三峡文化多样性的重要窗口。截至2017年底，重庆已有44项国家级非物质文化遗产项目，其中三峡库区及邻近区县中就有17项，主要包括民间音乐类的石柱土家啰儿调、巴南的木洞山歌和接龙吹打、梁平的癞子锣鼓和抬儿调、巫山的龙骨坡抬工号子；民间舞蹈类的铜梁龙舞；传统戏剧类的梁山灯戏；民间美术类的梁平木版年画和竹帘画；传统技艺类的涪陵榨菜制作技艺和石柱土家族吊脚楼营造技艺；曲艺类的四川竹琴和金钱板；民俗类的丰都庙会；传统舞蹈类的石柱土家族玩牛。下面，我将给大家重点介绍"石柱土家啰儿调"这一民间音乐。

　　2006年，"石柱土家啰儿调"经国务院批准列入第一批国家级非物质文化遗产代表性项目名录。"啰儿调"起源于重庆市石柱土家族自治县，主要流传于渝东南汉族和土家族中，因唱词中随处有"啰儿"而得名。与唐代巴渝地区广泛流传的竹枝词一脉相承，已有一千多年的历史。在长期的传唱中，"啰儿调"形成了包括生活歌、号子、山歌、情歌、对歌、诙谐歌等不同类型的民歌形式。"啰儿调"的突出特点是简单易学，曲调简洁多变，乡音乡韵浓郁，适合于普通老百姓演唱,人们可以根据自己的生活状态、劳动场景等即兴编唱,现场发挥,通俗直白地表达自己的情感。"啰儿调"的代表作品有:描述田园风光、植物生长的《栀子花开》,阐释女性怀孕过程的《十月怀胎歌》,描述生活小幽默的《扯谎歌》,记叙劳动场面、劳动过程的《薅草歌》等。其中,蜚声海内外、家喻户晓的《太阳出来喜洋洋》,就是石柱土家族"啰儿调"民歌的代表作之一,歌词从不同角度描写了打柴生活的真实场景,表现了打柴人的精神和情趣。据初步调查,石柱县境内现在只有大约70人能唱"啰儿调",且大多数歌手年事已高,"啰儿调"的传承面临困境,已濒临灭绝。为了保护传承这一民间音乐,石柱土家族自治县枫木乡的刘永斌被认定为"石柱土家啰儿调"的国家级代表性传承人。刘永斌是当地公认的民歌大王。他将原汁原味的"土家啰儿调"带出了家乡,并在国内的各类演出活动中多次获奖,对"啰儿调"民歌的传播起到了极大的推动作用。

科普进一步 | 荐读

汪华生主编的《石柱土家 儿调》(重庆出版社,2014年11月出版),本书较为系统全面地介绍了石柱土家 儿调的产生、形成、发展历史及其与巴人竹枝歌在人文和艺术特征方面的关系。全书共收录400余首创于不同时期的土家 儿调歌曲,生动地展现了石柱土家族人在不同历史时期的生产生活方式、思想情感和地方民俗文化,是认识和学习土家族 儿调这一国家级非物质文化遗产的重要参考资料。

乘客在公共交通工具上干扰甚至攻击正在驾驶的驾驶员可能带来什么危害？是一种什么性质的行为？可能承担怎样的法律后果？重庆万州22路公交车坠江惨剧给我们怎样的启示？

播出时间 | 2018年11月8日
主讲专家 | 重庆邮电大学网络空间安全与信息法学院教授　黄东东

如何理解以危险方法危害公共安全罪

最近一段时间重庆万州22路公交车坠江惨剧引发社会热议。根据警方通报，乘客刘某在乘坐公交车过程中，与正在驾车的公交车驾驶员冉某发生争吵，刘某两次持手机攻击冉某。冉某遭遇攻击后，右手放开方向盘并还击刘某。双方的互殴行为，造成车辆失控，致使公交车与正常行驶的小轿车相撞后坠江，导致重大人员伤亡。警方的通报认为，刘某和冉某的互殴行为与危害后果具有刑法意义上的因果关系，两人已涉嫌触犯《中华人民共和国刑法》115条之规定，即以危险方法危害公共安全罪。今天我想与人家分享的是究竟什么是以危险方法危害公共安全罪。

危害公共安全罪是普通刑事犯罪中危害性极大的一类犯罪，以危险方法危害公共安全罪，即采取相当于放火、决水、爆炸、投毒或者以其他危险方法，致人重伤、死亡或者使公私财产遭受重大损失的危害公共安全的犯罪行为。

首先，什么是公共安全？所谓公共安全，是指不特定多数人的生命、健康或重大公私财产的安全。如果危险行为只是指向特定的对象，譬如直接针对张三、李四或者王五，且不会同时危害其他人，就不构成危害公共安全罪。就公交车坠江事件而言，刘某与冉某之间的互殴行导致的车毁人亡的严重后果，其侵犯的不是特定的人，而是所有乘客的生命安全，而任何人都可能成为22路公交车上乘客，所以其侵犯的是不特定多数人的生命安全，危害了公共安全。

其次，什么是危险方法？所谓危险方法具有"相当性"，即与放火、决水、爆炸、投毒等行为性质上类似。就是在客观上具有导致多数人伤亡的内在危险；在程度上，采取危险方法的行为具备导致多数人重伤或死亡的直接性、迅速蔓延性与高度盖然性。通俗地讲就是，危害结果是由危险行为所直接导致的，而且行为所蕴含的危险一旦现实化便会迅速蔓延和不可控制，同时这种危险行为在一般情况下会合乎规律地导致危害结果的发生。就公交车坠江事件而言，首先，刘某与冉某之间的互殴行为，直接导致公交车偏离行驶路线与对面正常行驶的小轿车相撞后冲破大桥护栏而坠江，双方的互殴行为与公交车坠江之间具有直接因果关系；其次，由于车辆正在行驶中，一旦险情发生可能迅速导致危害结果产生而难以控制。因此，刘某和冉某均涉嫌以危险方法危害公共安全罪。

在司法实践中，私设电网、驾车撞人、向人群开枪等行为也可能构成以危险方法危害公共安全罪。当然，万州22路公交车坠江事件提示我们，干扰驾驶行为可能构成犯罪。

科普进一步 荐读

2019年1月8日，最高人民法院、最高人民检察院、公安部联合下发了《关于依法惩治妨害公共交通工具安全驾驶违法犯罪行为的指导意见》。意见明确规定：乘客在公共交通工具行驶过程中，抢夺方向盘、变速杆等操纵装置，殴打、拉拽驾驶人员，或者有其他妨害安全驾驶行为，危害公共安全，尚未造成严重后果，依照刑法第一百一十四条的规定，以以危险方法危害公共安全罪定罪处罚；致人重伤、死亡或者使公私财产遭受重大损失的，依照刑法第一百一十五条第一款的规定，以以危险方法危害公共安全罪定罪处罚。实施前款规定的行为，具有以下情形之一的，从重处罚：1.在夜间行驶或者恶劣天气条件下行驶的公共交通工具上实施的；2.在临水、临崖、急弯、陡坡、高速公路、高架道路、桥隧路段及其他易发生危险的路段实施的；3.在人员、车辆密集路段实施的；4.在实际载客10人以上或者时速60公里以上的公共交通工具上实施的；5.经他人劝告、阻拦后仍然继续实施的；6.持械袭击驾驶人员的；7.其他严重妨害安全驾驶的行为。实施上述行为，即使尚未造成严重后果，一般也不得适用缓刑。

"引经据典"是国人对自身传统文化的认同与创新性应用,是一个民族、国家文化自信的体现。十九大以来,坚定文化自信、推动文化发展繁荣,一直是党和政府工作的实践重心。习近平说:"没有高度的文化自信,没有文化的繁荣兴盛,就没有中华民族伟大复兴。"电视节目的媒介化传播,更是为传播优秀传统文化提供渠道创新。

播出时间 | 2018年11月15日

主讲专家 | 重庆工商大学艺术学院院长、教授　殷　俊

文化传承·情感共鸣·价值引领
——论《平"语"近人——习近平总书记用典》节目的创新传播

由中共中央宣传部、央视联合创作的《百家讲坛》特别节目《平"语"近人——习近平总书记用典》(以下简称《平"语"近人》),节目自2018年10月8日20:00在央视综合频道播放以来,连续播放至19日,共12集,节目一经播出,就引得社会热议。在弘扬传统民族优秀文化的同时,在全国也掀起学习习近平新时代中国特色社会主义思想的热潮,有助于"团结人民,鼓舞士气""统一思想,凝聚共识"。对于这档创新型的节目,为什么能获得成功,拟从文化传承、情感共鸣、价值引领三个角度和大家来讲述:

1.文化传承

文化是人的文化,具有社会性,文化只有通过传播扩散才能有生命、有活力。根据文化传播理论,文化传承需要以媒介为载体进行传播。著名学者拉斯韦尔在《社会传播的结构与功能》一文中,指出了大众媒介具有文化传承的功能,他认为大众媒介是实现激活和传承传统文化最高效、最便捷的方式。作为媒介的中央电视台品牌栏目《百家讲坛》,一直承担着媒介的文化传承功能。

《平"语"近人》节目内容就是通过解读习近平总书记是在什么场合、什么时机,怎样把古代典籍和经典名句熟练、精准的运用到一系列重要讲话、文章、

谈话中,为引导、建设和发展中国服务。做到了在时间上的传统文化延续,在空间上的物我环境融合。

2.情感共鸣

戴扬和卡茨认为"媒介仪式"就是"电视仪式"或"节日电视",仪式作为人类社会文化现象的实践方式,铺陈了可供观看的展示/表演空间。《平"语"近人》节目分12集,每集一主题,节目有"原声微视频""思想解读""经典释义""现场访谈""互动问答""经典诵读"六个环节构成,六个节目环节在主持人的把控下完成。期间,各环节都带有很强的仪式感,使观众在电视仪式中接收媒介内容。节目中专家学者们对习近平总书记的事迹和思想进行解读,使每个环节都有很强的带入感,在内容细节和价值传播上易唤起台下和荧幕面前的观众情感共鸣。

3.价值引领

《平"语"近人》节目,以习近平总书记的事迹、会议、工作时的语录为传播文本,通过对国家领导人引经据典内容,以语录体的形式,使得整个表达过程有趣、好看、亲切,将信息直接传达到受众,打破了底层传播壁垒。《平"语"近人》节目直接、单独的将习近平总书记在以往会议、讲话等场合引用的经典诗词、典故等重要讲话、语录,通过电视节目的形式进行专家解读,重申了语录内涵,也将习近平新时代中国特色社会主义思想在受众中广泛传播,实现了文化认同向国家认同、个体情感向集体情感、个体责任向国家责任的三个转变。

什么是小语种？什么是大语种？什么是通用语？"一带一路"倡议和小语种有什么关系？如何选择小语种作为专业或者第二外语学习？

播出时间｜2018年11月15日

主讲专家｜四川外国语大学　吴　昊

学好小语种，说走就走

大家好，我是阿拉伯语专业的吴昊，来自四川外国语大学。每次我给大家介绍自己的专业时，常常会听到下面的回应，天哪，你居然和湖南卫视的何炅是一个专业的，他以前有没有给你上过课啊？哇，阿拉伯语，听起来就超级土豪哎，是不是小语种的收入特别高？亲爱的朋友们，关于何炅老师的八卦呢，我们留到下次再聊，今天啊，我们先来聊聊小语种和大语种的问题。

什么是小语种呢？其实有两种解释，一种呢，就是指除了联合国六种通用语（汉语、英语、法语、俄语、西班牙语、阿拉伯语）之外的其他语种，那为什么这六种语言是联合国的通用语呢？其实，联合国是根据这门语种的影响力和它在世界范围内的通用程度来决定的。换句话来说呢，大语种就是很多国家把它作为官方语言，而且被广泛使用的语言。小语种是世界上用它作为官方语言的国家不多、使用的人数也比较少的语言。对小语种的第二种解释，就是在我国高等教育体系里，把英语之外的外语语种都叫作小语种。说到这儿，大家肯定都听明白了，以我的专业阿拉伯语来说，从联合国通用语言的角度，人家可是名副其实的大语种，但是在我国高等教育体系下，摇身一变就成了小语种了。

习近平总书记提出了"一带一路"倡议后，"小语种"一时间成了大家伙儿聚焦的新宠，最受大家关注的有九大"小语种"，它们是法语、德语、意大利语、西班牙语、葡萄牙语、俄语、日语、韩语和阿拉伯语。许多高校还相继开设了"一带一路"沿线国家小语种专业，比如：印地语、塞尔维亚语、波斯语、希伯来语等等。

大家刚刚是不是听到了非常多的熟悉或者不熟悉的小语种呢？所以，很多学生和家长也常常困惑，到底要选择什么作为第二外语或者作为专业好呢？

在回答这个问题之前，我想请你先认真思考一个问题，你为什么想要多学一门语言，或者把外语作为专业呢？你的初心到底是什么？我真的希望你的回答与功利无关，只关乎想要了解另一门语言，感受另一种文化，享受另一种乐趣。

所以，我真的十分诚恳地建议，首先，要听从自己的心，按兴趣来选择。根据自己的兴趣选择是最优的，喜欢浪漫韩剧、韩式劲歌热舞的同学，可以把韩语作为第二外语，喜欢追番、日漫的同学，可以选择日语作为第二外语，无论是自学、还是通过培训机构学习，作为汉字圈成员的这两门外语对于我们来说都比较容易入门。

其次，那些英语基础比较好的同学，第二外语可以选择学习法语、西班牙语等。因为这些语种的部分字母和发音与英语比较相近，也是作为第二外语不错的选择。

对于像阿拉伯语这种比较难学，而且学习资料不多的小语种，还是暂时不建议作为第二外语来学习，大家可以考虑上大学后作为专业课来选择。

最后，给大家分享一个段子，"三分钟的韩语，三小时的英语，三天的法语，三个月的日语，三年的德语，三百年的阿拉伯语"。

科普进一步 | 荐读

我们都说学习语言需要兴趣，但真正选择学习小语种的人，无论是作为专业课还是第二外语，都应该知道坚持是学好语言的保障。在语言学习的路上，大家一定要有毅力、有恒心，努力升级打怪、克服种种困难，成为下一个荣耀王者。

各位朋友，大家好！一年一度的双十一要来了，大家是否被线上、线下各种双十一广告、优惠、折扣所轰炸，准备摩拳擦掌把购物车囤满货、零点准时开抢、清空购物车呢？

播出时间 | 2018年11月15日

主讲专家 | 重庆工程学院　李　静

从"双十一"解读电子商务

一、"双十一"的来历

11月11日，本身是一个很普通的日子，人们最先把4个"1"与单身联系，称为"光棍节"。但是真正让这个日子火起来，并约定俗成称为"双十一"，则是源于国内电子商务行业的龙头——阿里巴巴集团旗下的淘宝商城（后来改名为天猫商城），它从2009年开始，每年将11月11日设为举办大规模促销活动的固定日期，随后其他电子商务平台也逐渐加入其中，甚至影响到线下门店，纷纷效仿在11月11日这天做大型促销活动。

"双十一"已经成为中国电子商务行业的年度盛事，并且逐渐影响到国际电子商务行业。由此可看出，电子商务行业硬生生把一个普通的日子变成网上购物族每年的盛大节日，并衍生出"剁手党"等网络流行语。

二、电子商务的含义

提到电子商务，很多朋友第一反应就是网上购物、网上订餐、网上订票……还有淘宝、京东、天猫等。回想一下，我们个人网上购物的过程是怎样的呢？首先，是在各大电子商务平台网站中搜索购物商品、比较商品价格、查询评价信息、咨询在线客服，然后将商品放入购物车、下单结算、网上支付，接着等待商家发货、签收快递，最后是商品售后服务、完成评价。这一系列操作过程就是狭义的电子商务，英文意思是 E-commerce，简称 EC，指运用互联网进行商品交易。

有狭义就有广义，广义的电子商务英文意思是 E-Business，简称 EB，指运用一切现代信息技术手段进行的所有与商务有关的活动,包含商务信息、商务管理和商品交易等。比如,建立在企业全面信息化基础上,通过电子手段对企业的生产、销售、库存、服务,以及人力资源等环节实行全方位控制的电子商务,像企业资源计划、管理信息系统、客户关系管理、供应链管理、人力资源管理、网上市场调研等等,这些都属于广义的电子商务。

三、电子商务的分类

清楚了电子商务的含义后,我们再来看看电子商务的分类,这让我们进一步了解各种电子商务平台的特性。商务活动中的交易主体主要有企业、消费者和政府,企业的英文意思是Business,简写为B,消费者的英文意思是Consumer或Customer,简写为C,政府的英文意思是Government,简写为G。按照交易主体来分类,电子商务分为五种:

第一种是企业对企业的电子商务,简称B2B,代表平台有阿里巴巴、慧聪网;第二种是企业对消费者或消费者对企业的电子商务,简称B2C或C2B,B2C代表平台有天猫商城、京东、唯品会、当当网、携程网、美团网、小米商城等,C2B代表平台有拼多多;第三种是消费者对消费者的电子商务,简称C2C,代表平台有淘宝网、人人车;第四种是政府对企业或企业对政府的电子商务,简称为G2B或B2G,典型的业务是电子政务中为企业提供运营支持的部分,如电子采购与招标、电子化报税、电子证照办理与审批等;第五种是政府对个人或个人对政府的电子商务,简称为G2C或C2G,典型的业务是电子政务中为公民个体提供公共服务的部分,如网上护照办理预约、网上个人报税等。

科普进一步 | 荐读

想获得更多的电子商务知识吗?"社科5分钟"建议您可以浏览至少三个网站,一是亿邦动力网http://www.ebrun.com,了解零售电商、智能商业、跨境电商、农村电商、国际电商、产业电商等诸多重点领域的相关知识;二是派代网http://www.paidai.com,分享交流电商领域的实践"干货";三是艾瑞网http://www.iresearch.cn,了解互联网行业资讯及相关行业研究报告。

"双11"我又"剁手"了，"剁手"完决定开始存钱，为了下一个"双11"。买买买之后存存存，理财如何简单上手？理财其实很简单，就从微信开始。

播出时间 | 2018年11月15日

主讲专家 | 重庆交通大学经济与管理学院教师　魏光兴

别光聊天，微信还可攒钱

大家好！我是魏光兴。"双11"刚过，今天在这里给大家介绍微信理财知识。现代生活，我们都用手机。其中，一个重要的功能就是微信。用微信和朋友聊天，发传送什么图片，都是很方便的。微信也可以理财，主要有以下三招。

第一招，连接信用卡

当然，微信给我们带来另一个非常方便的功能就是支付。我们去小店吃碗小面，路边买点水果，去超市买什么东西呀，都能用微信支付。打开支付码一扫就完成支付了。微信支付里面的钱从哪里来？当然是我们连接的银行卡里面的钱。连银行卡是连储蓄卡还是信用卡呢？一般都是连的储蓄卡。不过我这建议大家可以同时连一张信用卡，很多地方也可以用信用卡里面的钱支付。这样就有好处：一是，保持了避免刷卡用微信支付的方便；二是，信用卡是免费的，就是有一个信用期；三是，信用卡本身有积分，到了一定阶段还可以换点什么东西之类的。

第二招，转存零钱通

除了微信扫码支付以外，微信还有一个很好的功能叫作红包。逢年过节亲戚好友之间可以发个红包，或者微信群里面发个红包大家抢抢，图个乐子是不。那个红包抢过来发出去，抢过来的钱放在哪里呢？就放在微信里一个功能叫作零钱里面，就可以用来支付。如果我抢的红包比较多，可不可以把它提到银行卡里面去呢？可以，但是要交手续费，因为微信提供的免费额度非常少。零钱里面的钱会不会有利息？如果不提现到银行卡里面去会不会有利息？是没有的。那么，可不可以让放在微信零钱里的钱产生利息？是可以的。有一个功能叫作零钱通。点微信的右下方的我，再点钱包，再点零钱，零钱通是藏在里面的。再点零钱，零钱点了过后在零钱的下方就会出现零钱通。再点零钱通就可以把零钱里的钱或者银行卡里的钱转到零钱通里面去，转到零钱通里面就有比较高的收益了，比余额宝的收益要高一些。比如，现在余额宝的收益2.7%左右吧，而零钱通里面的钱是3.1%、3.2%的样子，要高一些。而且，零钱放在零钱通里面也不影响支付，也就是扫码支付的时候也可以花零钱通里面的钱。这就有更大好处了，我们抢的红包放在零钱里面是没有利息的，放在零钱通里面是有利息的，而且它一点也不影响正常的扫码支付，甚至发红包也可以直接从零钱通里面发出去。这是很方便的。但是，零钱通里面的钱如果要提到银行卡里面去，也要交手续费，这是它的一个缺点。另外一个缺点是，零钱通里面的钱，因为扫码就可以直接花了，如果万一我们手机丢了别人用了我们的微信，手机打开支付码就可以直接支付了，所以它也不太安全。

第三招，开通理财通

当然，针对这个问题还有更高级的功能，那个功能叫作理财通。点我，然后点钱包，在左下方找到理财通，找到理财通过后进行注册。这个注册是比较烦琐的，要身份证的正反面现拍，还要录一段小视频，这个是为了安全。理财通这样一个烦琐的注册过后，进去就可以把银行卡里面的钱存到理财通里面来，里面最实用的功能叫作工资理财。工资理财设置好过后，比如设置每个月的5号扣2000块钱存进去。这个有什么好处呢？就是零钱通里面的钱你刷刷刷，可能几下刷完了，自己也没看，但是放在这边的话它先给你扣了，因为这边刷码的时候是不能直接支付的，避免你刷完了，到15号还贷款就没有了。那么，到15号要还贷款的时候再把它提出来。进行恰当操作一般说来5分钟就到账了，也不影响使用。还有一个更大的好处是安全。就说你链接的哪张银行卡，从银行卡里把钱倒过来，到时提现的时候，也只能够提到当初的那张银行卡里去，不能够提到其他银行卡里去。也就是说你手机丢了，那个钱也一定是在你的账上，要么在理财通里，要么只能转到你的银行卡里面。这是非常安全的。但是缺点是什么呢？如果放在理财通里面就不能够链接扫码支付了。

最后，祝大家理财开心，实现资产保值增值。

我国首份《中国义务教育质量监测报告》中超重比例显示：四年级男生8.9%、女生8.6%存在超重问题，八年级男生8.2%、女生11.1%存在超重问题。部分区域学生肥胖问题突出，肥胖率超过15%。

中国式教育把孩子牢牢禁锢在室内，课业负担的繁重，智能终端的全包围，进而带来的压力、焦虑、抑郁、孤僻……

播出时间｜2018年11月22日
主讲专家｜重庆三峡学院体育学副教授　郝凤霞

动起来！健康更聪明

大家好！我是体育学科的郝凤霞，来自重庆三峡学院。

越来越多的家长朋友开始关注孩子课余锻炼的问题。课余应该选择什么样的运动项目，才能达到更好的锻炼效果？如何制定适合自己孩子的运动处方？运动中应该注意些什么？我想就这些问题和大家共同来探讨一下。

首先，我想说的是我们的孩子只要能够在课业之外，放下手机，离开电脑游戏，从室内多多走入户外，动起来，那么各种形式的运动对孩子都是有益的。在孩子活动的过程中，家长能够再有针对性的指导孩子进行一些练习，那么锻炼会达到事半功倍的效果。

对于运动处方的制定，我们需要明确一点，孩子不是小号的成人，适合成人的运动不一定适合孩子。对于学龄儿童青少年来说，这一时期身体的正常生理弯曲，即颈曲和腰曲已经形成，从事跳跃，奔跑，支撑，平衡等的生理学功能已经初步具备。针对这一时期的孩子，运动处方的制定我们遵循三个方面：一是有氧运动。要求孩子每天至少60分钟及以上中高强度的有氧运动，有氧运动的形式很多，比如快步走、骑自行车、滑旱冰、跑步以及足球、游泳等项目都可以。这部分主要是对孩子心肺功能的锻炼；二是肌肉力量练习。要求每周至少有3次肌肉练习，练习的形式可以选择俯卧撑，仰卧起坐，或者拔河等的游戏。肌肉力量练习可以使我们关节周围的肌肉发达，关节韧带得到伸展和强化,增强关节的稳固性和灵活性;三是骨骼负重运动。儿童青少年时期是骨骼生长发育最迅速的阶段,经过研究发现骨骼对运动的反应最为敏感,通俗地讲就是,在保证合理膳食的基础上,那些需要骨骼承担力量的运动才能够促进骨骼生长发育。这个时期的骨骼负重运动不需要额外使用器械,只需要孩子利用自身体重负荷就可以达到效果,要求每周也至少有3次,锻炼的形式可以是单脚站立,跳绳,跳楼梯,踢足球,快步走,等等。肌肉力量练习和骨骼负重练习是包含在每次60分钟或更多运动中的一部分。

其次,抓住身体素质"敏感期",有针对性地进行练习。6-8岁是孩子平衡能力发展最为迅速的时期,可以通过两种练习得到加强和提高:(1)静态平衡。单脚站立,闭眼单脚站立;(2)动态平衡。走直线,平衡木练习。10-12岁是孩子灵敏、柔韧发展的敏感期。可以通过跳绳、踢毽、跳皮筋、游泳等项目进行协调性训练。柔韧性的训练方法有压腿、踢腿、压踝、提踝、转腰、弯腰、压肩、压腕、点头、摆头等等。

最后,运动时的注意事项。(1)由于儿童青少年体温调节系统发育不成熟,应避免在炎热潮湿的环境下运动,并且应该注意补水。(2)超重或体力活动不足的儿童青少年可能不能保证每天60分钟,那么就逐步增加频率和时间慢慢达到每天60分钟的目标。(3)穿着舒适、透气的运动服和运动鞋,安全地进行运动。

以上就是今天跟大家共同分享的内容。看到这里很多家长可能会觉得提到的一些字眼比较陌生、太过专业,会觉得针对的人群会不会是有体育特长的孩子。这里我想说的是其实这些专业术语离我们并不遥远,每个孩子都值得我们尽全力给予他们最好的。希望我们的家长朋友能够把体育锻炼作为家庭教育的一门必修课重视起来,共同促进孩子的成长。

科普进一步 | 荐读

"运动是良医"正式写入国务院颁布的"十三五"《全民健身计划》中。陪伴孩子,让我们一起动起来。"社科5分钟"推荐阅读《动起来更聪明:运动改造大脑(亲子版)》,作者哈佛大学约翰.瑞迪是国际公认的大脑与运动关系领域世界一流专家,书中瑞迪教授用详尽的研究再一次向我们表明:体育运动之于人的意义,不仅仅在于强身健体,更在于培养公平公正的竞争意识和协同增效的合作精神。

重庆是中国著名的历史文化名城，解放碑既是重庆最繁华的商圈，也是西部直辖市重要的标志性建筑。解放碑类似北京的王府井大街、上海的南京路，对于它诞生前的久远故事，竟源起于重庆历史名人中唯一冠以慈善家称号者——刘子如先生。解放碑的前生之缘，映射出独特的巴渝风骨和人文精神。

播出时间 | 2018年11月22日
主讲专家 | 重庆刘君子如文化促进会名誉会长　罗廷槐

刘子如与解放碑及青年路的来历

解放碑作为重庆的地标，早已闻名遐迩。到重庆，一定去看看解放碑，逛逛青年路，早已成为游客的共识。可是你知道解放碑、青年路的来历吗？这两个名字都与一个人有关，他就是重庆历史名人中唯一冠以慈善家称号者——刘子如先生。

1870年11月5日，刘子如出生于万盛，幼小成为孤儿，13岁流落重庆，举目无亲，被临江门外红庙和尚收养，在庙里边做杂工边读书习字。凭借过人的胆识与智慧，他白手起家顽强打拼，借红庙一角成立胜家缝纫机公司。1910年前后成为享誉西南的巨商，被誉为"金字招牌刘子如"。

刘子如先生成为富商后，时时不忘曾经的孤儿流浪经历，1914年2月初八，他将红庙内自己的胜家公司缝纫女校捐作孤儿院所，首创西南地区教养兼施的重庆私立孤儿院。随后人们便称这一带为"孤儿路"。随着孤儿人数日益增多，1917年夏，位于孤儿路51号的孤儿院迁至大溪沟张家花园。当局随后应市民要求登报公示，将孤儿路更名为与刘子如富商相称的"富城路"。

大溪沟因孤儿院迁来而逐渐繁荣成街市，称为"孤儿街"。1932年2月，江竹筠免费进入刘子如创办的孤儿院读书，并在孤儿院地下党员丁尧夫、游动斯等人引导下走上革命道路。然而，住在孤儿街的居民又觉得听起容易让人觉得大家都是孤儿。后来便根据办孤儿慈善事业需要天地人和之意，于1946年将孤儿街更名为"人和街"。

1921年5月4日，刘子如在"督邮街"美华药房召集开会，他首捐2300银圆，发起创办重庆中华青年会。租房设立英文夜校等教育机构，在重庆最早放映有声电影。1932年，刘子如出资4万多银圆，买公园路地皮修建青年会所，其中最壮观的是在荒坟坡上建起的一栋五层高的青年大厦。当时，人们便称规模宏大的青年会一带为青年路。

抗战爆发后，国民政府1937年11月20日起迁都重庆。1938年2月18日起，日本对重庆城进行长达5年半的战略轰炸，青年会防空洞可容2000多人，周恩来等多次到该防空洞躲避突袭。日机重点轰炸最好最高的建筑，青年会这栋五层楼洋房被日军反复轰炸成一片废墟。人们在惋惜中激起更强的抗日斗志，有人主张重建大楼。蒋介石手下一个叫林长志的团长是一个风水师，提议在此修一座塔以镇煞气，同时为了动员民众抗日救国。该塔为四方形炮楼式木结构五层建筑，通高7丈7尺（象征"七七"抗战），有旋梯可达顶端。落成于1940年3月12日孙中山先生逝世纪念日。人们称之为"精神堡垒"，为防日机轰炸，外表涂成黑色。

可是，建成后不久这座木塔又被日军炸毁。抗日战争胜利后，重庆当局决定在原木塔旧址上修建"抗战胜利纪功碑"，1946年10月31日奠基，1947年8月竣工。这座纪念碑为八角形柱体盔顶钢筋混凝土结构。碑顶设有标准钟、警钟、探照灯、风向器、方位仪和瞭望台。重庆解放后，西南军政委员会主席刘伯承题字，将"抗战胜利纪功碑"改名为"人民解放纪念碑"（简称解放碑）。

历史名人，城市之魂。几个地名，折射出一部厚重的历史，带出几多鲜活的历史人物。溯源历史可知，重庆富城路、人和街及青年路，都因刘子如先生大办慈善事业而得名。

2005年，重庆市政府定位刘子如是"重庆巨商、著名企业家、慈善家和爱国知名人士"，他是重庆历史名人中唯一冠以"慈善家"称号者，中华慈善博物馆为此专设有刘子如展区。2012年9月，刘子如纪念地被中共重庆市委、市人民政府命名为市级爱国主义教育基地。

重庆市文史研究馆原副馆长王群生，2007年在《重庆日报》公开发表的《记忆中的搜寻——记重庆第一慈善家刘子如》中这样追忆："我不妨展开记忆的搜寻，讲述刘子如当年创办那我所亲见并亲自参与无数次活动的——重庆中华青年会。这里，横跨大梁子正街、直至中央公园上半城路口，包含院、场、馆、厅、所……无数建筑物，覆盖了整整一个街区（为今日重庆市群众艺术馆所在的全部地盘，其面积更要大得多）。足见刘老先生当年兴办时捐资之巨。

重庆中华青年会的整个规模，从进口处的民众电影院算起，一旁是带有围墙、观众席的风雨灯光篮球场；接着是一处硕大院落，里面有当年重庆，甚至大后方首座日夜开放的灯光游泳池；对面那巨大顶棚的建筑，则是以青少年为服务对象的轮滑馆；一侧就是供学者、专家、作家、艺术家对广大民众宣传鼓动、学术演讲的演讲厅；再往下，就是当时山城尽人皆知、名气颇大的青年会"蟾秋图书馆"（其大量藏书为江津名士邓蟾秋先生捐献）。

当时还是小学生的我，与广大市民、青少年一样，成了这青年会的常客。直至后来，我从小学生到中学生，多少放学后的闲暇，以及星期日、寒暑假，我都会和无数青少年、普通市民一起，拥到这闹市区唯一的各类文体活动场所，欣然参加各类活动。""同时，这里的学术演讲厅、图书馆，各类美术、艺术展览，则全部是免费开放。记得，我在演讲厅，聆听过大作家老舍、戏剧家吴祖光的演讲，也在蟾秋图书馆借阅过无数图书。我对美术、摄影、民间艺术的最初兴趣，就是在这所'社会大学'得到启蒙。"

"你们的孩子,都不是你们的孩子,乃是'生命'为自己所渴望的儿女。他们是借你们而来,却不是从你们而来,他们虽和你们同在,却不属于你们。你们可以给他们以爱,却不可给他们以思想,因为他们有自己的思想。"这是来自阿拉伯世界的大文豪纪伯伦写的《论孩子》。

播出时间 | 2018年11月29日

主讲专家 | 四川外国语大学　吴　昊

与其纠结学霸,不如听他《论孩子》

　　大家好,我是阿拉伯语专业的吴昊,来自四川外国语大学,也是一位"80后"妈妈。如果手机那头的你,和我一样为人父母,那我可以肯定地说,你一定曾经感受过,或者正在经历某种焦虑。此刻的你,也许正被孩子的小升初考试急得焦头烂额,也许正拖着孩子穿梭于各种补习班而疲惫不堪,也许正被孩子下降的成绩气到脸色铁青。要是你看到知乎上有人提问"为人父母的焦虑是一种怎样的体验",可能都恨不得马上回答,"我想我非常有资格来回答这个问题",为了缓解我和大家的中国式父母焦虑症,我今天给大家带来了一剂鸡汤,来自纪伯伦的散文诗《论孩子》。纪伯伦是来自黎巴嫩的旅美派诗人,被誉为"站在东西方文化桥梁上的巨人",《论孩子》出自纪伯伦的顶峰之作《先知》,《论孩子》中蕴含的哲理和智慧值得天下每一位父母都为之动容并重新思考自己与孩子的关系。

　　纪伯伦在开篇写道"你们的孩子并不是你们的",不知道你第一眼看到这句话的时候是怎样的心情,是不是难以接受甚至有点小愤怒? 我的孩子,那可是我生的,我养的,他不是我的还能是谁的? 没错,你的孩子确实是你的,但他并不属于你,他和你一样,也是一个平等独立的个体。你可以给他爱,却不可以把你的思想强加给他,因为他有他的思想。

　　你的孩子从你的世界路过,你和他的相遇是人生最美妙的邂逅。你的孩子如你期盼的那样,咿呀学语、背上书包、慢慢长高……可是你已慢慢察觉出他带给你的每一份欣喜都在倒数着将来的别离，即使你总觉得他还没有长大，还是那个鬼马的小精灵，却也无法困住他向往外面世界的那颗心。

请你答应你的孩子，爱着他们就好，不要溺爱着你对孩子的那份爱，请承认分离也是爱的延续，你可以庇护他的肉体，为他遮风避雨，却无法预见他的梦想与思绪。请放开你的双手，让你的孩子凭借自己的勇气与智慧去面对将来的未知和迷茫，人生的化境与人情的练达只有依靠独立探索才能品出真味，世事的艰难与世间的百态只有依靠孤独跋涉才能悟出真理。孩子成长的路上，请相信你的孩子能成就更好的自己。

当你看完整首诗，不知手机那头的你，是什么表情？或许，你的嘴角微含着笑意，或许，你的眉头顿时紧锁，又或许，你的眼角早已泛起片片涟漪。如果你希望孩子成为你心中最好的孩子，首先让自己成为孩子心中最好的父母吧。陪伴孩子成长的旅途中，改变态度永远都不晚。

科普进一步 | 荐读

纪伯伦是20世纪阿拉伯新文学道路的开拓者之一，被称为"艺术天才、黎巴嫩文坛骄子"。其主要作品有《泪与笑》《先知》《沙与沫》等，国内已有纪伯伦作品全集译本。

皮皮不是一个典型的淑女。皮皮却成为无数人喜欢的女孩。因为她象征着精神的自由，象征着属于孩童的真诚和友善。和孩子一起读一读皮皮，一起感受世界的宽容和美好。

播出时间 | 2018年11月29日

主讲专家 | 重庆第二师范学院学前教育学院教师　江　雪

渴望自由？就看皮皮

上一期我们聊了安徒生儿童文学奖的第一位获得者——依列娜·法吉恩，这次我们要聊一聊的是第二位获得者阿斯特丽德·林格伦。大家都知道，安徒生奖是两年颁发一次，所以我们熟悉的瑞典儿童文学作家林格伦是在1958年获得安徒生奖的。

林格伦出生在1907年瑞典的一个农民家庭中。她比较长寿，跨越了新千年，于2002年去世。在她九十多岁的人生中，为孩子们创作了非常多精彩的儿童文学作品，比如说《长袜子皮皮》《小飞人卡尔松》《米欧，我的米欧》《狮心兄弟》《绿林女儿》《淘气包埃米尔》等87部作品。相信很多家长朋友都对她的作品不陌生，甚至有可能现在还带着孩子在读她的作品。不得不说，林格伦的作品总是能给人带来快乐和抚慰的力量。据李之义先生（也就是将林格伦作品第一次翻译到中国的翻译家）介绍，他是在1981年去斯德哥尔摩大学留学时和林格伦的作品结缘的。他在瑞典主要研究斯特林堡，身陷研究的精神分裂危机。他的瑞典朋友为了将他从这痛苦中解救出来，向他推荐了林格伦的儿童文学作品，让他换一换心情。于是，他开始阅读林格伦的《长袜子皮皮》，从儿童文学阅读中获得了精神快乐的力量。并且，借由这个契机，李之义先生开始大量翻译林格伦的儿童文学作品，在中国少年儿童出版社的努力下，将北欧的这份自由、快乐在20世纪90年代的时候带到了中国。

今天我们就要一起走进林格伦最负盛名的，也是治愈了李之义老师艰难求学生涯的《长袜子皮皮》。不可否认，很多读过这本书的小朋友都特别喜欢这个奇怪的女孩：她一个人住在一栋房子里，养着一匹马和一只猴子，红红的胡萝卜颜色一样的头发被扎成了两个硬邦邦的小辫子，脸上满是雀斑，穿着一双颜色不一样的袜子（一只是棕色，一只是黑色），还穿着一双比脚大一倍的黑色的鞋。这样的女孩可不是一个漂亮的女孩，和我们以前看见的那些乖乖的妹妹完全不一样。小朋友喜欢她，大概是因为她可以一只手举起一匹马吧！如果读过这本书的朋友就知道，当警察来粗暴地想要抓皮皮去儿童之家时，皮皮可是将两个警察举了起来。她还爱倒立着走路，喜欢自己做饼给小伙伴吃。有意思的是，皮皮总会给小伙伴们讲一些埃及啊、中国啊那些遥远地方的故事。不过，我们看的时候就知道，皮皮是在"讲大话"呢！

听到这里，可能有的朋友会感到焦虑——这个女孩怎么都做一些莫名其妙的事，还会说大话。小朋友看了是不是会跟着学啊？那您可要稳住了，接下来我还要告诉你，皮皮一点儿都不愿意去上学！她连乘法都不知道，跟着朋友去了学校最后一通问题下来把老师气得够呛！最后，没有人敢逼着她去学校了。假设皮皮是我的女儿，我可能也要苦恼了。"这么皮的孩子，怎么办？"可是，沉下心来仔细阅读，我们会发现皮皮所追求向往的是自己，虽然是儿童但也应该得到尊重和自由，就像她去学校和老师讨论的问题是她所关注的问题。而老师始终只出于学校教学的考虑非要考皮皮乘法表。我们对孩子的要求，很多时候是单一的，要乖、要听话，因为说实话这样可以省去我们的很多麻烦。但我们却忽略了孩子也是人，一个自由的人，有生活在此时此刻的个人需求。皮皮的出现，并且受到孩子们热烈欢迎的这一现象，其实一方面是在告诉我们这样纯粹活泼、顽皮、非传统道德意义的皮皮是符合孩子们的审美需求的，另一方面其实启示着每一个读者对自由的向往与追求。所以，从关于人而非规约的角度来看，瑞典首相约兰·佩尔松所认为的"皮皮变成了人类自由的象征"是成立的。

至于担心孩子看了皮皮的故事会照学的父母也不必担心。毕竟，谁的童年里没有几个偶像呢？模仿是人类的本能，皮皮是一个自由、充满爱的女孩。孩子们在阅读皮皮的故事中会像李之义老师一样获得精神的愉悦和解放。如果皮皮去买糖果，她一定会捏着一枚金币，让好朋友们说出自己喜欢吃的糖果，每种糖买18千克。因为，她会将这些糖果分享给整条街的小伙伴。这样贴心、甜蜜又落落大方的皮皮,你不喜欢吗? 孩子们如果模仿就是坏的吗? 有时候,或许我们不应该在孩子的阅读上设置过多的关于"乖"的枷锁。

最后,还想和大家分享《长袜子皮皮》中一个很有象征意义的情节:皮皮在爸爸第一次邀请她去黑人国做公主时,皮皮决定跟爸爸走,但是最终却舍不得朋友们回来了。她又独自一人生活在维拉·维洛古拉。其实,这一刻或许也在启示着我们孩子作为个体的独立、自由的追求,和他们必将离开父母的怀抱,去走向自己的人生。所以,当我们谈论皮皮是人类自由的象征时,或许从皮皮的性格、生活和选择能够告诉我们从孩提时代我们就梦想着独自飞翔。不要轻易折断孩子独自飞翔的梦想翅膀。

科普进一步 | 荐读

在儿童文学的历史上,还有一个和皮皮一样是红头发、非典型美丽姑娘的儿童。她就是加拿大作家蒙哥马利笔下《绿山墙的安妮》中的安妮。如果说皮皮是依靠自己的能力(力大无穷、语言)来实现自由,那么安妮则是在不断地犯错和想象中迸发生命力,展现一个孤儿自由选择生活,热爱生活的故事。

三岁左右的孩子不愿意分享是小气吗？这是不是表示孩子性格不好？这是否会影响孩子未来的人际交往？很多父母面对不愿分享的孩子会感到尴尬、不安甚至担心。其实，只要合理看待，引导得当，"小气"的孩子更能形成有主见、尊重他人的人格品质。

播出时间 | 2018年12月06日
主讲专家 | 四川外国语大学心理学教师　张艳萍

急死我了，孩子小气怎么办

　　大家好，很高兴又在"社科5分钟"跟大家见面了，今天想跟大家分享关于孩子"小气"的话题。

　　身边的朋友经常跟我抱怨，说自家孩子2岁以前特别大方，但是2岁半或者3岁以后越来越小气，不愿意分享自己的玩具或者零食，甚至别人摸一下自己的东西都不行，大人常常觉得难为情。对于这样的情况，我们应该怎么看待？又该如何正确引导呢？

　　首先，理解"小气"背后的心理机制。3岁被看作是人一生中非常重要的节点，发展心理学把这个时期称为"自我意识的第一次飞跃"，也就是说，孩子具备了"我"的概念，开始区分"我的东西"和"别人的东西"，对于属于自己的东西有很强的占有欲和保护欲，对于自己的事情希望能自己做主。这是值得家长高兴和肯定的，因为自我意识是一个人个性成熟水平的指标，是心理发展的正常表现，它对孩子的自我认识、自我控制和未来的社会适应都具有非常重要的作用，所以千万别给孩子扣上"自私""小气""性格古怪"的帽子，这只是孩子长大了的标志。

　　其次，尊重孩子的意愿，允许孩子拒绝分享。对私有财产的守护是我们的本能，所以孩子不愿意分享是很正常的，也是可以理解的，应当得到尊重。你可能会说，别人家的孩子怎么就这么乐于分享呢？看起来多懂事啊。是的，有部分孩子是很乐于分享的，除了跟天然的个性有关之外，更跟每个孩子的喜好有关,仔细观察你会发现每个孩子都有不愿意分享的东西,也有可以随意分享的。过分要求甚至强迫孩子分享可能让孩子走向两个极端,一种是孩子变得很敏感,越是父母要求分享的东西,反而最不乐意分享,这说明父母的行为已经影响了孩子的独立判断,让孩子忽略了自己的真实意愿,很自然地用拒绝来表达对家长的反抗。另一种是孩子变得很顺从,就是所谓的"很乖",孩子宁愿自己受委屈也要分享,他们可能发展出过分自我牺牲的品质或者讨好他人的品质。所以,这两种情况对孩子的性格发展和未来社会生活都有不好的影响。

最后,耐心引导和及时强化积极行为。我们尊重孩子的意愿,接纳他们的选择,也要正确引导孩子适应社会规则,毕竟我们都是社会人,而且3岁孩子正处于逐渐确立个性的关键期,父母的引导很重要。要怎么引导孩子呢?当孩子不愿意分享时,可以先肯定后引导,比如告诉孩子"这是宝贝最喜欢的玩具,现在还舍不得给小朋友玩对吗?那宝贝玩一会儿再分享吧。"或者"那宝贝想分享的时候再分享好吗?"大部分的孩子在自愿的情况下会更愿意分享。如果孩子有分享行为,一定要及时肯定,可以说"谢谢宝贝的分享,你看小朋友好高兴啊,你也更高兴了对吗?跟小朋友一起玩最开心了。"注意了,我们这里用了"感谢"这个词而不是"表扬",因为感谢意味着家长对孩子平等的尊重,这是这个年龄段孩子的心理需要。

好了,今天的话题就聊到这里,希望大家能明白,孩子不分享并非"小气",而是长大了有了自己的想法,家长朋友们要学会尊重孩子的选择,在接纳的基础上进行及时的积极引导。

科普进一步 | **荐读**

孩子在不同年龄段会有不同的行为表现,这些行为体现了孩子在相应年龄段的心理发展状况,为人父母者如果能有所了解并合理引导,将更利于孩子的健康成长。"社科5分钟"推荐你阅读《婴幼儿行为心理学》(刘璟著)。这本书对0-6岁婴幼儿的各种常见行为进行了心理学的解读,并给出了相应的育儿建议,具有很好的指导意义。

现今的重庆市为古代的巴国地域,巴人自古以来就以忠贞爱国著称,他们中的优秀男儿巴蔓子用自己的生命诠释了巴渝儿女为国献身的英雄豪情。在如今的渝中区七星岗,2000多年前的巴蔓子埋葬于此,让我们走进巴蔓子的人生世界。

播出时间 | 2018年12月06日

主讲专家 | 重庆三峡学院历史学副教授　熊茂松

看！闹市中的名将巴蔓子

巴蔓子,生卒年不详。本名叫蔓子,由于出生在巴国,所以一般称为巴蔓子。巴蔓子是重庆忠县人,战国时期巴国著名的将军,他曾经为恢复巴国的内乱向楚王借兵,最终献出了自己的头颅。

根据晋代常璩《华阳国志》记载,战国中期,巴国走向了衰落,一些贵族趁机向政府索取政治经济利益,以至于发动了武装叛乱,人民遭受着深重灾难。驻守在巴国东部边境的蔓子将军决定赶回国都江州平乱,但他掌握的兵力不足以战胜贵族武装。巴蔓子决定向东边的楚国借兵。在楚国,巴蔓子向楚王说明了来意,恳请楚王出兵。楚王答应出兵,却提出了一个条件,要巴蔓子割让他驻守的三座城池,同时要他把自己的儿子送到楚国当人质。以人质作抵押,在当时是一种外交惯例,目的是取得诚信。但那样一来,时间就被耽搁了,巴国的内乱恐怕已经不可收拾,借兵就失去了意义。巴蔓子一下子急了,对楚王说:"时间来不及了！楚王如果怀疑我的诚信,这个兵也就不用借了！你如果还相信我,今天就让我把军队带回去,到时候你拿不到三座城,我就把脑袋砍给你！我巴蔓子从来说话算话！"楚王见一向耿直的巴蔓子把话说到这个份上,也不好再说什么,答应了他的请求。

巴蔓子带着楚军赶回江州,很快打垮了叛乱贵族的武装,恢复了国内秩序。过了些日子,楚王派出使臣找到巴蔓子,要求他兑现当初的承诺,将巴国的三座城池割让给楚国。巴蔓子对楚国的使臣说:"不错,当初我的确答应过楚王,但那是楚王乘我国遭遇危机强加给我的条件,我作为将军本来就守土有责,怎么能够私下将三座城池割让给你们呢?尽管如此,当初我答应了楚王,也一定要信守承诺,决不让你这个使臣为难。城不能割,但我的头可以割,用我的头,充我的城,以答谢楚王,这样可以吧?"巴蔓子边说边抽出佩剑,一下将自己的头割了下来。奇迹在这时发生了,断头之后的巴蔓子仍然站立着。

楚国的使臣没有完成接收巴国三座城池的任务,只得将巴将军的头颅带回去向楚王报告。楚王听了深受感动地说:"假使我们楚国能得到像巴蔓子这样忠勇义气的将军,又何必在乎那几座城池呢!"于是下令用上卿的礼节埋葬了巴蔓子的头颅。巴国也为蔓子将军举行了葬礼,他的无头身躯就埋葬在国都江州,让后人缅怀凭吊。

后人为了纪念巴蔓子将军对国家的忠诚和信义,将他出生的地方临江改为忠州,也就是今天的忠县。民国十一年(1922年)在巴县修成了巴蔓子墓园,墓园位于今天渝中区的七星岗,此墓一直保留至今,被老百姓称为将军坟。

科普进一步 | 荐读

巴渝儿女自古以来就以保家卫国为己任,在历史上出现了很多著名的英雄人物,三国时的严颜将军、南宋后期的抗元战争中众多的将领、明末清初的秦良玉女将等都是他们中的杰出代表。

你曾经在童年时一群人呼啸而过去做一件事情吗？你们家孩子喜欢一群人一起完成某件重要的事情吗？对孩子来说，生活在集体中是一件非常美妙的事情。你看，埃米尔和他的小伙伴们要一起去捉小偷啦！

播出时间 | 2018年12月13日
主讲专家 | 重庆第二师范学院学前教育学院教师　江　雪

年底防盗，得看《埃米尔擒贼记》

大家好！我是江雪，很高兴再次和大家相约在"社科五分钟"。上次，我们一起聊到了林格伦和《长袜子皮皮》。故事里的皮皮很喜欢和小朋友们一起上街去买糖。儿童对于一起干事总是充满了兴趣。各位朋友也许还记得自己小时候约着一群小伙伴浩浩荡荡地滚铁环、丢沙包，也许现在还看着自家的孩子在幼儿园、在广场、在小学浩浩荡荡地去搬东西、玩游戏。是的，我用的词是"浩浩荡荡"，就像长江或嘉陵江的水在汛期的时候以呼啸的气势奔流而下。这是属于童年、属于孩子的气场。

今天，我就要给大家介绍一场"浩浩荡荡的正义"。这是来自梅子涵老师的评价，用来形容小男孩埃米尔和他素不相识但又拔刀相助的男孩子们格外恰当。埃米尔带着妈妈省吃俭用的钱准备送给外婆，独自一人坐上了去柏林的火车。他紧紧护着自己的钱，可钱还是不见了。埃米尔怀疑是坐在自己对面那个不怀好意的男人。可不管是乘务员还是后来遇到的好心的记者，他们都不相信埃米尔所说的话。埃米尔只好独自一人在柏林的街头追踪偷钱的人。幸运的是，他遇见了拿着喇叭的古斯塔夫和两个外号是"教授""小礼拜二"的男孩。小男孩们一听埃米尔的遭遇，毫不犹豫地相信了埃米尔，并制定了跟踪计划。他们召集了柏林街头玩耍的孩子们，有的作为通讯员守在电话旁，例如"礼拜二"；有的和埃米尔一起追踪；有的去号召更多的孩子……当然，故事的最后证明孩子们的判断是对的。那个看上去衣冠楚楚的男人确实偷了埃米尔的钱，并顺藤摸瓜牵出了另一桩大案。让人最感兴趣的是，当没有一个成年人帮助他们时，面对逃跑的小偷，柏林街头的孩子们围拢过来，如同浩浩荡荡的潮水，包围了小偷。梅子涵读完后称之为"浩浩荡荡的正义"。

朋友们，你们看，孩子们拥有属于他们的群体智慧和力量，如同浩荡的潮水或流云，看在成人眼里似乎是一道风景，但是在孩子们那里却依靠勇气、正义完成了人生最初的价值观的奠定。这本有着"浩浩荡荡正义"的书，正是来自德国儿童文学作家埃里希·凯斯特纳的《埃米尔擒贼记》。

埃里希·凯斯特纳是20世纪德国著名的儿童文学家，被誉为"西德的儿童文学之父"。他曾在1960年被授予国际安徒生奖，也是历史上第三位获得安徒生奖的儿童文学作家（德国第一位获得安徒生奖的儿童文学作家）。他的《埃米尔擒贼记》初版于1929年，是他的第一部儿童文学作品，被多次演成话剧、电影、动画等形式。除此之外，他的《小不点儿和安东》《飞翔的教室》《5月35日》《动物会议》等作品也极为精彩。相较于林格伦这位获得安徒生奖的作家而言，也许朋友们对凯斯特纳并不是那么熟悉。但是，他的幽默的写作方式，对童年时期正义、公平、理想等价值观的坚持却值得我们去翻阅。在《埃米尔擒贼记》中，凯斯特纳一开始并没有直接讲埃米尔的故事，而是絮絮叨叨地告诉大家"故事压根儿还没开始"，就像一个抽着烟的老头坐在大树底下给孩子们扯一下澳大利亚的袋鼠、原始森林里的小女孩的事情。等他一通说完，大家都以为故事要开始了，凯斯特纳又慢吞吞地展出十幅人物图，要让孩子们通过图画了解故事的主人公。嘿！你说，这个作家讲故事的方式是不是独具一格呢？或许，是时候换一种方式给你的孩子们讲故事了。他们也许已经听厌了"从前……"这样的开场了。

不被我们熟悉的凯斯特纳，无论是在故事里还是在自传中，总是对童年的世界充满一种好奇和惊异感。这种好奇和惊异感让他从两个和写作毫不沾边的家族——屠宰行业和皮匠行业中脱颖而出，成为两个家族中五代以来唯一的作家（或者说是从事文学艺术工作的人）。也正是这种好奇和惊异感，才能让他在儿童的世界里源源不断地讲故事，讲出浩浩荡荡的故事。

科普进一步 | **荐读**

如果想要更多的了解德国儿童文学,你们一定不要错过这三个人:

埃里希·凯斯特纳

米切尔·恩德

奥德弗雷德·普鲁士勒

人逢喜事、亲友聚会、送别朋友，有一样东西是不可缺少的。您知道这是什么吗？——酒。五月初五要喝雄黄酒，九月重阳要饮菊花酒，中秋赏月也要饮酒。满月酒、生日酒、订婚酒、庆功酒，各种喜酒名目繁多，在中国，几乎事事不离酒，无酒不成席。中国自古就是一个酒的国度，"酒"文化与我国几千年文明史相伴相随。但是，我们有没有思考过一个问题，那就是"酒"的起源问题——"酒"是什么时候出现的？"酒"又是被谁创造的呢？

播出时间｜2018年12月13日

主讲专家｜重庆邮电大学传媒艺术学院副教授　谭玉龙

"酒"的起源

大家好！我是重庆邮电大学传媒艺术学院的谭玉龙。今天我们就来分享一下这个既熟悉又陌生的话题——"酒"的起源。

关于这个问题，主要有以下几种说法：

一、仪狄和杜康造酒

相传，仪狄是夏朝开国君王夏禹时期的官员，专门掌管造酒。西汉刘向《战国策》记载，夏禹的女人，让仪狄去监管酿酒，仪狄经过一番努力，创造出味道很好的酒，于是献给夏禹品尝。夏禹喝了后觉得很好，但夏禹并没有奖励她，反而疏远了她，因为夏禹认为饮酒无度必将误国。另外，古籍《吕氏春秋》《战国策》等记载了杜康造酒。杜康也是夏朝的人物，晚于仪狄，《说文解字》记载，杜康运用高粱为原料酿酒。曹操《短歌行》："对酒当歌，人生几何！何以解忧？唯有杜康。"随后，人们就将杜康视为造酒始祖。

二、猿猴造酒

我们知道，酒是一种发酵食品，它是由酵母菌分解糖类产生的。而猿猴十分聪明，常在水果成熟的时候，收贮大量水果，以备不时之需。而猿猴贮藏水果的地方不是山洞就是石洼，而且还会用泥土、树叶等覆盖其上，以防止其他动物偷取它们的食物。就这样阴差阳错地建造了一个窖池，大量水果在其中发酵，变成"酒液"。如今，在广西左江地区，还有这种现象存在。当地百姓将猴洞中已发酵的水果取回家,作为引子,酿成果酒自饮。

三、上天造酒

古诗云:"天若不爱酒,酒星不在天";"天垂酒星之耀,地裂酒泉之郡"。在中国古人看来,天下存在着一颗"酒星"。这就说明,"酒"是天然产物。我们知道,酒中最主要的成分是酒精,学名乙醇。经科学家研究,自然界中的许多物质在特定的环境下会通过多种方式转变为酒精。而且天文学家还发现,在茫茫宇宙之中,存在着一些天体,就是由酒精构成的。所以,酒是自然界的一种天然产物,人类不是发明了酒,而是发现了酒。在发现酒这种天然产物之后,经过自身的努力,制作酿酒器具,掌握酿酒技术,自由地控制酒精度数的高低,创造出各种味道的酒。

虽然我国先民对酒的起源有多种不同的看法,其中许多内容是传说,或者是文学想象的结果。但不可否认的是,中国酒文化的历史源远流长。1979年,山东莒县墓葬中就出土了一组成套的酿酒器具。它属于新石器时代晚期,距今5000多年。所以,我国酒文化的历史至少也具有5000多年的历史。酒与中华文化相伴相随,深入到人们生活的方方面面。

科普多一点 | **荐读**

看了谭老师对"酒"的起源的解读,你是否对这一问题有所了解了呢?如果你想进一步了解"酒"文化,"社科5分钟"推荐阅读北宋朱肱的《酒经》。《酒经》,又名《北山酒经》,共三卷,上海古籍出版社有宋一明、李艳的"译注本"。卷上是总论,对酒的历史、酒的意义和酿酒的一般理论等方面进行了论述;卷中论述的是制作酒麹的理论与方法;卷下记录了整套酿酒的工艺流程。《酒经》是中华民族酒文化的结晶。

重庆,简称"渝",是我国中西部唯一的直辖市,长江上游地区的经济、金融、科创、航运和商贸物流中心,西部大开发重要的战略支点、"一带一路"和长江经济带重要联结点以及内陆开放高地,既以江城、雾都、桥都著称,又以山城扬名。那么,重庆的历史渊源如何呢?

播出时间 | 2018年12月20日

主讲专家 | 重庆巴蜀中学高级教师　周刘波

巴渝文化探究之历史渊源

大家好! 我是历史教师周刘波。重庆,是一座山城,嘉陵江与长江在此汇合,云水相接,楼水相连。

重庆,是一座历史文化名城,这座古老而又年轻的城市也是巴渝文化的发祥地。

那么,巴渝文化有着多少年的历史? 它的起源和发展脉络又是怎样呢?

今天我给大家带来的主题是《巴渝文化的历史渊源》。

巴渝文化,博大精深,源远流长。它是长江上游地区最富有鲜明个性的民族文化之一。3000多年的历史,造就了巴渝大地辉煌灿烂、内涵丰富的地域文化。巴渝文化以壮美为基调,气势宏大,成为中华灿烂文化的重要组成部分。

巴渝是重庆的简称。商周时期,巴国国都驻地江州,今重庆江北区,秦时称巴郡,北宋称恭州。隋时,嘉陵江称渝水,因渝水绕城,故重庆简称"渝"。

巴渝文化起源于巴文化,它是指巴族和巴国在历史的发展中所形成的地域性文化。巴人一直生活在大山大川之间,大自然的熏陶、险恶的环境,练就一种顽强、坚韧和剽悍的性格,因此巴人以勇猛、善战而称。巴人的军队参加周武王讨伐商纣王战争,总是一边唱着进军的歌谣,一边跳着冲锋的舞蹈,勇往直前,古代典籍记载"武王伐纣,前歌后舞"。

当然,巴渝文化既非仅指巴文化,也不单指重庆古代文化,它是由历史悠久的巴文化与以"大溪文化"为代表的重庆东部旧石器文化、以"铜梁文化"为代表的西部新石器文化、三峡地区的灿烂峡江文化以及三国历史文化、近代辛亥革命文化、红岩精神、抗战文化等等有机组成的厚重灿烂的文化系统。

3000多年以来，重庆处处留下中国传统文化的印痕。重庆有宋代理学大师程颐点注《易经》的故地点易园，是程朱理学的发祥地；大足石刻，汇集了中国唐、宋时期石窟艺术的大量珍品；合川钓鱼城，保存着南宋军民抗击蒙哥军队入侵的古战场遗址。历代诗人李白、杜甫、刘禹锡、苏轼、陆游、郭沫若等，都曾在这里写下了许多脍炙人口的名篇佳句，巴渝文化是中国传统文化源远流长的一部分。同时，重庆凭借长江"黄金水道"之便，依托丰富的江河资源和广阔的市场，从汉代起已成为长江上游工商业重镇，成就了重庆在历史长河中不可替代的地位。

独特的巴渝文化，铸就了重庆这块土地上深厚的文化底蕴。今天，巴渝文化作为一种新的提法，郑重地写入了《重庆市"十三五"文化发展纲要》。巴渝文化是历代巴渝人民智慧的历史结晶，是我们发掘本地优秀传统文化，树立"文化自信"的重要资源。

科普进一步 | **荐读**

提起巴渝文化，大家可以阅读《巴渝文化探究》（西南师范大学出版社，2018年4月版）。这本书分为三部分：第一部分：历史人物，主要描写了巴蔓子、赵智凤、秦良玉、邹容等重庆本土有名的历史人物；第二部分：文学艺术，主要介绍了巴渝远古神话、巴渝舞、巴渝诗词、石刻、川江号子、川剧等具有浓厚巴渝地方特色的文学艺术；第三部分：历史遗存，介绍了自远古至新中国成立后的一些历史遗存、抗战遗址、红岩文化、古镇古桥鉴赏等。

大家可能或多或少地听说过或观看过重庆市铜梁区的铜梁龙舞。最令重庆人自豪的是,铜梁龙舞不但入选了第一批国家级非物质文化遗产项目名录,还位于龙舞项目之首。那么,铜梁龙舞究竟有何魅力?我们又该如何欣赏铜梁龙舞呢?

播出时间|2018年12月20日

主讲专家|重庆大学艺术学院副教授　彭小希

如何欣赏重庆铜梁龙舞?且看这"三美"

大家好,我是来自重庆大学的彭小希,很高兴与大家分享舞蹈文化的魅力。

地处重庆市铜梁区境内的铜梁龙舞,以其磅礴的气势、繁复多变的动作套路、华丽雍容的龙形道具与鲜明的地方特色被称为"中华第一龙"。2006年,"铜梁龙舞"入选第一批国家级非物质文化遗产项目名录。作为中国龙舞的杰出代表,大家可以结合中国传统哲学观的三个方面来感受铜梁龙舞之美:

一、虚实之美

"虚"与"实"是中国哲学的一对范畴。虚实统一、虚实相生具体到铜梁龙舞中,便形成了一套从观念到创作、从表演到欣赏的审美原则。"实"是龙舞的视觉构图,"虚"是龙舞所象征的意蕴,而龙舞的动态视觉形象则是"虚"与"实"的交融互渗。

"龙"是虚构的神物,因此铜梁龙舞从龙形道具的制作到龙舞动作的编创都凝结着巴渝人民的聪明才智与独特的审美意识。在铜梁龙舞运动过程中,极其强调龙身松紧有致,不能僵直,也不能塌陷,龙肚不能朝天,龙尾要时时保持摆动。这些舞龙要领传达出当地民间艺人对动物生命感的合理性把握。在动作套路的安排上,铜梁龙舞表现了龙出游、玩宝、游弋、远眺、回宫的整个过程,聚合了先民丰富的想象力与浪漫主义情怀,是源于自然又高于自然的独特审美意象的创造。

二、天人之美

"天人"关系作为中国古典哲学的重要观念之一,指人与自然的相互关系。中国龙文化便是天人合一自然成俗的文明现象,龙舞的产生更是源于与天和谐的精神诉求。

铜梁龙舞所蕴含的天人合一哲学观念体现在传统的春节舞龙仪式之中:从"龙出行",各家各户"接龙",舞龙队"拜庙",到连续三日气势磅礴的"舞龙",直至最后集中在城内古桥边燃烧龙具的"送龙"。整个过程从赋予龙具以神力,通过舞龙将人之灵性附于"龙"这个意象之神,完成祈福消灾的美好愿望,到最终把龙具的神力又归还于神,以求将新年的祈愿随袅袅龙烟传递给上天。舞龙过程承载了天、地、人、物相互融通的观念。

三、气韵之美

中国哲学范畴中的"气",起源于对自然现象的观察体悟、综合概括。而"韵"又在"气"的基础上产生,是生命灵性的展现。在龙舞运动中,"韵"既是其风格韵味、节奏韵律,又是超越于舞龙者身体形态之上的"龙"的精神气质。

从人体运动的角度看,舞者之"气"通过肢体所发散的"力",与空间之"气"相互关系。这种关系形成了不同的"气象",而其中一种循环往复、周而复始的"气象"便是龙舞最核心的运动意象——"圆"。铜梁龙舞以其他龙舞都无法企及的超长、饱满的龙体线条完美地演绎了圆、曲结合的复合动势,形成了环环相连、此消彼长的圆曲线。铜梁龙舞这种以圆润、饱满、对称、和谐为美的艺术特征,体现出中华民族千百年形成的"圆"的思维模式与处世哲学。

这便是我眼中的铜梁龙舞之美,与大家共同分享、共舞一圆。

科普进一步 | 荐读

彭小希老师的讲解,为如何欣赏铜梁龙舞打开了一扇审美之窗。重庆地区的传统舞蹈充满了民间智慧,如果读者想要进一步了解承载着重庆风土人情的民间舞蹈文化,"社科5分钟"推荐您不妨读一读《寻根传舞——重庆舞蹈文化遗产的保护与传承》。该书是首部对重庆地区舞蹈文化遗产进行研究的著作,不仅梳理了重庆舞蹈文化遗产的地理分布、种类、历史流变、保护发展情况,还以重庆地区最具代表性的三项舞蹈文化遗产为个案(铜梁大龙、秀山花灯、酉阳土家族摆手舞)进行细致分析,图文并茂,通俗易懂。

冬季怎么进补？有人说人参，有人说阿胶，有人说燕窝……专家告诉你，药补不如食补。下面看看冬天我们怎么利用常见应季食物进行滋补的吧。

播出时间 | 2018年12月27日

主讲专家 | 重庆市江津中医院主任医师　邓玉霞

冬季食补

只要掌握了食物的特性，最普通的食物其实就是最好的滋补品。

1.萝卜：白萝卜是冬季的时令蔬菜，也是养生的好食材。民间有"冬吃萝卜夏吃姜，不用医生开药方""萝卜上了街，药铺取招牌"等说法。萝卜中维生素 A、维生素 C 的含量特别丰富，生吃有清热生津，凉血止血、生气的功效；熟食则能益脾和胃，消食下气。

2.白菜："百菜不如白菜"，白菜性微寒、味甘，具有解毒除热、通利肠胃的功能。凡心烦口渴、大便不畅、小便黄少者均可常食白菜。白菜中含有较多粗纤维，还含有维生素 A、维生素 B、维生素 C 等。

3.豆腐：豆腐营养价值丰富，物美价廉。由于豆腐中含有铁、钙、磷、镁等人体所必需的多种矿物元素，还含有糖类、植物油和丰富的优质蛋白，素有植物肉的美称。两小块豆腐，即可满足人体一天钙的需求量，特别适合儿童和老人食用。

4.莲藕：莲藕是东方蔬菜之王，将藕加工至熟后，其性由凉变温，虽然失去清热的性能，却对脾胃有益，有养胃滋阴、益血、止泻的功效。特别是将莲藕与排骨放在一起炖汤，还能补血健脾。

5.羊肉：据《本草纲目》记载，羊肉有补中气、益肾气等功效，同时它也是历来民间冬季进补的重要食材。按照现代中医学观点来看，适时地多吃羊肉，可以增加体内消化酶，能有保护胃壁、帮助消化等作用，同时还能起到去湿、避寒、暖心胃等功效。

冬季滋补的办法还有很多,最好是根据个人的体质,在医生或营养专家的指导下,针对性地选用适合自己的食物进行滋补。

许多清宫剧里都对皇宫里过春节的情形有过演绎,那真正的清宫里的春节是什么样的呢?"我们身边的传统文化"系列节目,讲述文物故事,触摸传统文化。"社科5分钟",了解一件古物珍宝的前世今生。

播出时间 | 2019年2月21日

主讲专家 | 重庆大学人文社会科学高等研究院讲师 吴 娇

郎世宁等《乾隆帝岁朝行乐图》

大家好!我是重庆大学古代文学教师吴娇。今年春节的时候,北京的故宫博物院为了迎接新年,在乾清宫门前张挂起了高大华丽的"万寿灯"。在清朝的时候,挂灯是紫禁城里过年最盛大的活动之一,今年也是故宫博物院首次复原清代的春节礼仪并对外开放,吸引了许多游客前往观赏。看来,大家对于"皇帝怎么过新年"还是非常好奇的,那么本期,我就为大家介绍一幅故宫博物院收藏的《乾隆帝岁朝行乐图》,看看喜欢写诗和盖章的乾隆皇帝怎么享受他的春节。

岁朝,有新年伊始的意思,岁朝行乐图,描绘的是新年里玩赏游乐的情景。这幅《乾隆岁朝行乐图》作于乾隆皇帝晚年,是一幅中西结合的有趣画作。其中的人物,是由擅长刻画肖像的意大利画家郎世宁完成,五官都显示出西洋画的立体感,而人物周围的房屋、山树等,则是由中国画师丁观鹏等完成,是中国传统界画的风格。两种风格虽然有中西之别,但整体上都是趋于写实的,细细看来,错落有致的房屋,高地远近的花树和栩栩如生的人物融合在一起,倒也十分和谐。

既是皇帝的岁朝行乐图,主角当然也是皇帝本尊了。在画面的右下方,有一处宽敞的院落,院子里松梅正盛,似乎隔着画都能闻到幽幽的清香。院中的殿堂前,上了年纪的乾隆手握一支玉如意,在皇子和随从们的簇拥下,坐在一把有着龙头扶手和脚踏的交椅上,似乎很是悠闲。所谓交椅,有点类似于现在的折叠椅,携带方便,是古时达官贵人出游时的必备品。乾隆跟前,一个小太监正在往烤火盆中放松枝,这也是古时一种比较讲究的取暖方法,即是以松枝代炭,燃烧起来,既能暖和身体,还有丝丝松木的清香。殿堂屋檐下的楹柱上,贴有一对红色的春联,写着"五色云中春正丽,万年枝上日出长",不知是不是乾隆的手笔呢?据记载,乾隆在新年的第一天,都要亲自抄写《心经》一册,以表示庆贺之意。

沿着连接院落的回廊,可以穿过好几处装饰华丽的屋宇院落,三三两两的孩童嬉戏其间,有的抱着树枝,有的捧着寿桃,有的正在捂着耳朵放鞭炮,还有的聚在一起堆了一个一人多高的雪狮子,看上去十分欢乐热闹。

宫廷画师笔下的新年,呈现的是一派雍容喜庆的气派,而民间的新年,则会多出许多有趣的消遣玩意儿。下一期,我将为您介绍故宫博物院收藏的《岁朝村庆图》,看看明代画师笔下的乡村春节,是怎样的一番热闹情景。

科普进一步 | 荐读

2019年1月6日,故宫举行了"紫禁城里过大年"的大型展览,这场持续3个月的展览涉及1000多件展品,使用了实景重现、展品陈设、数字投影等手段,从饮食、服装、礼仪等方面向参观者们全方位展示紫禁城里的春节,让参观者对这一宏伟宫殿中的盛大节日有了身临其境的感受。

平时宁静的乡村，在春节里却往往是另一番热闹的景象，几百年前的乡村春节，通过一幅古画映入我们的眼帘。"我们身边的传统文化"系列节目，讲述文物故事，触摸传统文化。五分钟，了解一件古物珍宝的前世今生。

播出时间｜2019年2月28日

主讲专家｜重庆大学人文社会科学高等研究院讲师　吴　娇

李世达《岁朝村庆图》

大家好！我是重庆大学古代文学教师吴娇。上一期，我们一起欣赏了由郎世宁和中国宫廷画师合作的《乾隆帝岁朝行乐图》，看到了年迈的乾隆皇帝乐享春节的场景。本期，我将为您介绍一幅故宫博物院收藏的《岁朝村庆图》，一起来了解明代的乡村里，可都有哪些有趣的春节活动。

岁朝，即是新年的意思，村庆图，说的是这幅画画的是乡村里的庆祝活动。这幅《岁朝村庆图》，由明代画家李世达所作，在图画的右上方，有画家本人的题字，说这幅画作于石湖。石湖可不是普通的小村庄，它是乾隆六次下江南都必去的地方，在今天也是国家4A级的风景区呢，其风景之秀美可想而知。但在这幅图中，风景却不是画家着力的对象。只是淡淡几笔远山，一大片湖面，简单勾勒出山水的风貌。湖面上有两座小桥联通两岸的人家。画家采取半空俯视的视角，在湖水四周安排了大大小小的屋舍和形色各异的行人，栩栩如生地描绘了明代腊月里的村居生活。

画面左边的院落最大，应是一户还比较富庶的人家。前院里，一位仆从打开院门，像是在迎接来访的客人。堂屋檐下，主人家正和客人们在欣赏一幅长卷画作，只见他们手把着画卷，躬身观看，认真地指点品评着，似乎连旁边孩子们的锣鼓声、鞭炮声都没有听见呢。后院里，一位小仆追赶一只活蹦乱跳的肥鸡，旁边还有两个端着新鲜饭菜的仆从正往饭厅走去，不知他们是不是得了主人家的示下，要做一顿丰盛的宴席招待客人呢？

在饭厅的墙壁上，细心的画家安排了一个有趣的小细节，那就是一张挂在墙上的"画中画"。凑近一看，画上是一个满脸络腮胡的魁梧男子，身着长衫，圆瞪着一双眼睛，好不威风。这位大胡子判官，大家能猜到他是谁吗？没错，他就是被视为新年守护神的判官钟馗。最初是由唐代的大画家吴道子，根据唐玄宗的一个梦创作出的伏魔神仙的形象。唐皇重视钟馗，新年时还会御赐钟馗画像给臣子。逐渐地，过年时贴挂钟馗画像，就成了最为流行的春节习俗之一，上至天子，下至百姓，家家户户在腊月里都要挂钟馗画像，以祈求家宅平安。

新年时挂钟馗像、敲锣打鼓放鞭炮，图的是驱邪祈福，而欣赏古画，追求的却是一种风雅的趣味。这位生平不详的明代苏州人李世达，用他细腻真实的笔墨，让我们在《岁朝村庆图》里，得见古时的人们是如何恭敬又欣喜地迎接着新年的到来。下一期，就让我们一起了解一件古时的文人雅士们在新年里最爱做的事情——"岁朝清供"。

科普进一步 | 荐读

春节是中国人生活中最重要的节日，如果你好奇它的由来及其背后的文化内涵，可以参考北京师范大学民俗学教授萧放所著的《节日中国：春节》(生活·读书·新知三联书店，2009年)

新年第一天，除了聚餐、走亲访友、数红包，还可以做点什么呢？古代的文人雅士告诉你，还可以画画。"我们身边的传统文化"系列节目，讲述文物故事，触摸传统文化。五分钟，了解一件古物珍宝的前世今生。

播出时间 | 2019年3月7日
主讲专家 | 重庆大学人文社会科学高等研究院讲师　吴　娇

岁朝清供

大家好！我是重庆大学古代文学教师吴娇。前两期节目里，我们分别从两幅岁朝图里了解了古代的皇帝和百姓是怎么过春节的，可能有朋友会问了，好些图里的传统活动，在今天都没有条件做了啊？您别急，本期，我就为您介绍一件咱们当代人也可以做的消寒趣事——岁朝清供。

岁朝，就是岁首、元日、新年第一天的意思，清供，则是取清香洁净之物，如花卉、水果等，以供养之意。清供传说是由人们在佛前供奉花果而来，原本没有固定的日期，后来可能是因为在新年清供有了吉祥的寓意，逐渐就变成了一种过年时颇有雅趣的玩赏活动。这种活动最早可上溯到宋元时期，明清以来，愈发流行，成了过年时非常热门的活动。

到了文人雅士这里，岁朝清供又演变出了新的花样，那就是在新年的第一天画些花卉蔬果，作为《岁朝清供图》挂在墙上，一面显示自己不俗的情趣，一面也表示对新年的祝福。画画的人完全不计较时令季节，常常是按个人喜好，把应季的蜡梅、水仙、艳丽的美人蕉、南天竺，素雅的菊花、松枝，清香的佛手、枇杷，寓意美好的石榴、金橘，等等，诸多花草水果随意组合在一起，画成《岁朝清供图》，作为自己新年的第一幅作品。

清代中期以后，由于帝王的偏爱，岁朝清供图更是风靡大街小巷，成为人人追捧的过年雅物，许多著名的画家都有相关的画作传世。

北京的故宫博物院就收藏有一幅清末民初的著名画家吴昌硕所作的《岁

朝清供图》,图上由左下方至右上方依次画寿桃、水仙、一峰秀石、一株红梅,旁边点缀蒲草、柿子、大蒜等,左上角画家题辞"岁朝清供,岁朝写案头花"云云,右下角钤有印章。整幅画面设色淡雅,又红绿相间,构图饱满,清爽中又不失热闹,很是好看。

说到这里,大家对于"岁朝清供"和"岁朝清供图"是不是有了一些了解呢?我们不妨也学古人,在寒冬时节,养一盆水仙在案几上,或是插几枝梅花在瓶中,或是和亲朋好友们一起,作一幅阖家欢乐的《岁朝清供图》,既给家里平添些清幽淡雅的意味,也能表示对新年美好的祝愿呢!

科普进一步 | 荐读

我国著名的散文家汪曾祺写有一篇《岁朝清供》,用清新优美的笔调深情地回忆了小时候的春节。三联书店出版有以《岁朝清供》题名的汪曾祺散文集,有兴趣的朋友不妨拿来品读一番。

肥胖问题一直是人们关注的焦点,它不仅会影响到身体健康,还容易让人们产生自卑、焦虑的情绪,影响到社交关系。急切的心情让很多人误认为节食是达到体重下降目的最有效的手段。我们下降的体重是否就是体脂肪减少呢?

播出时间 | 2019年3月7日

主讲专家 | 重庆电子工程职业学院副教授　张　蕾

体重轻了,脂肪却很多?

大家好,我是重庆电子工程职业学院副教授张蕾。今天和大家分享一个办公室女性困惑的减肥小问题。

随着人们生活水平的提高,对美好事物的需求也不断增加,女性朋友越来越重视自己的健康与形体美。办公室女性虽然年龄不同、职业不同,但因长时间久坐,身体最容易囤积脂肪。

有的女性并不属于肥胖,但也希望拥有轻盈美妙的S曲线,加入到了减重的队伍中;有的女性朋友因为体重的增加、体重的反复反弹感到不自信、焦虑,甚至影响到个人的社交关系与职业发展;有的女性朋友不惜牺牲自己的健康去达到心中理想的体重。但常常存在着"体重轻了,脂肪却还很多"。体重问题便仿佛成了魔咒,困扰着不少人;同时也导致节食减肥,被普遍认为是最快速最有效的手段。

大家不用着急。其实反复失败的尝试背后,有一个共通的因素,就是把减肥当成了减重,把减重和减脂看成了同一件事情,并且把体重指数看得十分重要。

我们先来了解一下脂肪在哪吧?

脂肪主要存在于皮下组织、内脏周围、腹内大网膜。

有的学者将肥胖分为两大类:一类是皮下堆积型;另一类是内脏堆积型。皮下堆积的特点是,脂肪主要集中分布于腹部、臀部及大腿部的皮下组织内;内脏型的特点是,脂肪主要集中分布在内脏器官和腹膜上。

因为脂肪藏于身体里，所以在早期容易被忽视掉，也就是说可能我们的体重没有变化，脂肪却是在悄悄地囤积。

而我们的体重由骨骼、血液、肌肉等构成，体脂肪却仅仅占20%。把体重指数作为胖瘦的依据，或作为减脂的凭证，这不准确的。大家可以试试在大量喝水的前后、或饱餐一顿的前后称量体重，看指数的差别；还可以去超市观察看看，一公斤肥肉与一公斤瘦肉哪个的体积更大一些。

体脂率反映的是人体脂肪含量。正常成年人的体脂率男性在15%～18%，女性25%～28%。有氧运动则是控制体脂率的有效方法，如慢跑、游泳、跳舞、骑行等，但对于职场女性来说，固定时间和规律地进行有氧练习，是比较难的，所以建议大家加强日常活动的消耗，如：上下班多低碳出行，坚持快步走，少坐多站，坚持做工作休息时间的拉伸，等等；另外，合理饮食，保持良好的生活习惯，也有助于控制体脂率。

减肥的目的，是减去身体内多余沉积脂肪。如果一个人体重不高，但皮下堆积脂肪过多，形体也是不够优美的。所以大家一起走出误区，关注自己的体脂率，让身体更加优美，生活更加健康。

科普进一步 | 荐读

随着慢病的增加，脂肪问题成为许多人的困扰，人们不惜为此投入大量时间、金钱，忍受节食、手术等带来的各种痛苦。无论是胖人想减掉多余脂肪，瘦者希望更加苗条，我们的身体都离不开脂肪。我希望大家能更多了解脂肪，认识脂肪的运作机制，用科学的方式实现减脂的目的。我也会在后期的节目中和大家一起认识人体运动的奥秘，用科学方法管理我们的健康。

中国的节气时令到底是怎么回事，它有什么样的来龙去脉，在历代中国人的生活中扮演着什么角色，又与我们现代的一些节日有什么不同？这些问题，让我们一一道来。

播出时间 | 2019年3月7日
主讲专家 | 重庆师范大学教授　王于飞

中国传统节日之二月二龙抬头

三月八日，是国际劳动妇女节，在这里，我们首先向女同胞致以节日的问候。但是，除了这个世界性的节日以外，三月八日，也是阴历的二月初二，对于中国人来说这也是一个特殊的日子。

老话说："二月二，龙抬头。"旧历的二月初二是传统的春农节，也叫春耕节或农事节，它意味着春天来临，生机萌发，一年的农事活动就要开始了。

我们知道，很多国家的节日往往各有一些系统性的特征。比如西方的节日往往跟宗教有关，像逾越节、复活节、圣诞节之类；而现代社会的节日又通常带有政治性的成分，像妇女节、劳动节、儿童节、护士节，等等；中国的传统节日则往往跟天象时令或农业生产联系在一起，像元宵节、清明节，还有端午节、中秋节、重阳节等。一个国家的节日体系往往就承载或反映出这个国家的某些历史逻辑、文化基因和民族底蕴。

二月二也叫春龙节，这还是从二月二龙抬头这儿说起的。那么，二月二跟龙有什么关系？这是一种迷信还是另有根由呢？

穷根究底地看呀，二月二，龙抬头的说法还真不是迷信，而是我们敬天法地，观象授时的经验之谈。古人把天上的二十八星宿，当作观察日月星辰的背景，用来判断季节时令的变化，再用来指导农业生产和日常生活的作息。什么时候春耕，什么时候播种，都要顺应大自然的节奏。二十八星宿按东西南北划成四个分区，每个分区里的星宿又分别构成苍龙、白虎、朱雀、玄武四个星象。二月二，龙抬头的龙，指的就是东方的苍龙七宿。

原来呀,因为天旋地转的关系,天上的苍龙七宿只有在春、夏、秋三个季节才能看到,到了冬天,就"潜龙勿用"地隐没到地平线下面去了。可进入春天以后,一到黄昏,龙星的角宿就从东方地平线上冒出头来,渐渐形成"见龙在田"的星象。所谓二月二,龙抬头,也就是指龙星的角宿冒出了地面。当人们看到龙星的角从地上冒了出来,就知道大兴农事,春耕播种的时候到了。

天象不仅对应人事,也对应着万物的节律。古人认为龙是百虫之长,天上的龙星一动,地上的阳气随即发生,蛰伏了一冬的鸟兽虫鱼也就活跃起来。二十四节气中的惊蛰,也就是在这个时候发生的。

蛰虫和动物们活跃起来了,百草树木也在茁长勃发:杂花生树,草长莺飞。所以二月二又被古人当作百花的生日,还给了它一个春意盎然的说法,叫"花朝"。意思是说,从这一天起,百花盛开,万紫千红,一年中最美的季节到来了。

所以每当这个日子里,古人都有各种庆祝,各种欢乐,踏青、赏花、炸油糕、吃面条,不亦乐乎。只是时过境迁,渐渐地都让我们给淡忘了。

古往今来,人事有代谢,政治有盛衰,宗教有兴废,但每年春天,我们总能在东方的天宇中看到龙星的闪现。《周易》里面说,"见龙在田,利见大人"。每当这样的时候,天朗气清,草木葱茏,鱼跃鸢飞,胸怀远大,品行高尚的人,就应该振作起来,有所作为了。

科普进一步 | 荐读

一个国家的传统节日往往有它们特定的文化背景和历史成因,并因为共有一个大致相同的发生机理而自成体系。所以我们要想说清楚一个特定的节日,就不能孤立地,就事论事地去看它,而要系统地、深层次地去认识和了解。当然,随着传统文化的解体,随着全球文化的多远融合,处于每一社会文化系统中的传统节日也在不断被分解、重构或新生,世界和我们的生活也许会因此变得越来越新颖、丰富,越来越鲜活、有趣。

个体在一生的心理发展中，会经历两大反抗期，第一反抗期出现在 2～5 岁，第二反抗期出现在 11～16 岁。这两个时期中，个体有较多的独立自主要求，会变得不如之前那样顺从父母，常令父母感到头疼。第一反抗期的产生主要是孩子的自我意识发展了，在争取自我主张和活动与行为动作的自主性与自由权。那么，在这个时期，父母怎样做才能既满足孩子独立意识的发展，又能与之和谐相处呢？

播出时间｜2019年3月14日

主讲专家｜重庆城市管理职业学院教授　苏　红

孩子"第一反抗期"，你了解吗？

我在生活中，经常听到有年轻父母抱怨，孩子两岁后就不怎么听话了，不管什么事都要反对，无论叫他做什么，他都说"不"；即使自己喜欢的事物，只要别人先说了或先做了，他就不开心。孩子在这个年龄阶段似乎不再像以前那样顺从自己了。孩子怎么啦？

心理学家认为，孩子在 2～5 岁时有一次特殊的发育时期，会变得不听话，急躁，什么事都要自己做，不许别人干涉自己。这个时期被称为"第一反抗期"。孩子刚出生时，不能区分自己和外界，自我意识很弱小。等他长到两岁左右时，他的自我意识发展很快，掌控自己和外部世界的欲望增强，同时他会感觉到自己的力量变"强大"了，试着反抗父母的保护，他希望通过对父母的否定来强调自己的存在，以此获得父母的认同与尊重。因此，他们喜欢逆着父母的意愿，说"不"，按照自己的意愿说"我自己做"，喜欢听"你真棒"等表扬。并且，3 岁前后孩子自己会做很多事了，他希望充分发挥自己能力，但如果这种"希望"被父母压制，他就会发生反抗，就会哭、嚷、生气，父母就以为孩子太任性、不听话了。

有研究表明，经过了反抗期的幼儿，成人以后自主性强；那些未表现出反抗者，在成人以后有自主性和主动性缺乏的倾向。而缺乏反抗行为的孩子，多是因为父母的教育过于严厉，孩子自主的欲望受到抑制，或是父母过于溺爱，一切有求必应，从而剥夺了孩子自我发展的机会。

那么，父母如何与孩子一起度过这个时期呢？

第一，不要老是阻止孩子"这也不行，那也不行"。对于他们只需明确规定生活中必不可犯的规则，要他"遵守"便可，如吃食品前必须洗手，不洗绝不能吃。父母要注意的是，这些规则一旦建立，就要坚持，不能孩子一哭闹，就把规则破坏了。

第二，适当放手，尊重孩子

父母对孩子的愿望不要限制太多，尊重孩子的自主权，他要自己洗碗洗衣服，就让他洗，洗不干净，再帮忙一起洗；孩子想要自己穿衣穿鞋，让他穿，父母在旁边可以简短指导，不要啰唆。不要因为孩子做不好，或做得慢，就剥夺孩子自主锻炼的机会。而是让他们在做这些事务时，充分体验到自尊自信。

第三，给孩子选择与决定权

常听到有父母说孩子，让他穿这套衣服，他就要穿另外一套，要他坐家里的小汽车，他就要坐公交车……

这种状况下，可以给孩子选择与决定权。我们成年人，如果对某些事物有选择与决定权，就会减少焦虑、恐惧等不良情绪，孩子也一样。父母可以事先挑选两三套合适的衣服，让宝宝自己选择穿哪套。在出发之前，让他在公交车、出租车、家用小汽车中选择自己想要的出行工具。

第四，转移孩子的注意力

处于第一反抗期的孩子多是"探险家"，并且执拗，锅上冒热气，他想伸手摸锅，父母如果只是一句"不许动"，可能会引起孩子对热气更大的兴趣；孩子拿到书要撕，父母说"不许撕"，孩子可能撕得更快。因此，在这种情况下，聪明的父母会给他更感兴趣的玩具或活动来转移他的注意力，引导他的行为。

总之，父母要明确认识到第一反抗期是儿童心理发展的正常现象，要积极而有理智地应对。

科普进一步 | 荐读

　　孩子的认知发展、人格塑造、语言动作行为等方面均会受到家庭，尤其是父母的影响。因此，父母们应该知晓一些发展心理学的知识，懂得每一个年龄阶段孩子典型的心理特点，这样才能与之更好地沟通，并按其心理发展特点进行教育，从而使孩子人格完善、心理素质良好、行为端正。

　　因此，"社科5分钟"推荐阅读美国心理学教授罗伯特·S.费尔德曼撰写的《儿童发展心理学：费尔德曼带你开启孩子的成长之旅》，该书详尽地综述了从怀孕伊始到青春期结束的发展，着重关注每一阶段中孩子的生理、认知、社会性以及人格四个方面的发展，是一本集理论和应用于一体的书籍。读完这本书，你也知道了究竟是什么造就了我们自己。

1937年,刘雪庵把自己从上海流亡到香港途中谱写的《流亡》及《战场》两首歌与张寒晖的《松花江上》编为《流亡三部曲》,在《战歌》音乐期刊上发表。这是三首歌曲以《流亡三部曲》之名首次正式发行,对激励国人奋起抗战起到不可替代的作用。

播出时间 | 2019年3月28日
主讲专家 | 北京师范大学艺术学博士、西南大学中国共产党革命精神与文化资
　　　　源中心博士后　汤斯惟

《松花江上》
——背后你所不知道的故事

　　1937年卢沟桥事变后,中国进入了动荡不堪的全面抗战时期,此时一首《松花江上》以其低沉似的呼喊,凄凉悲切的歌词震撼着四万万不愿做亡国奴的中国人。国之伤痛,歌以记之。这首歌曲不但唱出了东北同胞的悲惨遭遇和悲愤之情,更唤醒了无数国人沉睡的心灵。

　　可是你知道吗,这首耳熟能详的经典爱国歌曲,在抗战时期,曾演变成一部抗战套曲,即《流亡三部曲》。该套曲由《松花江上》(又名《离家》)、《流亡》和《战场》(又名《上前线》)三首歌组成。虽然这部套曲的合作者生活在同一个时代,但他们彼此却从未谋面,甚至也不知道对方的姓名,但是他们都有一颗的爱国之心,在抗日救亡的感召下,共同谱写出了一部挽救民族危亡的历史赞歌。

　　《松花江上》创作于1936年,词曲作者张寒晖本人并未到过东北,更没见过松花江。那时的张寒晖身在西安,是陕西省立二中的一名教员,在他所任教的这所学校里有一批东北军子弟,看着他们无助的身影,听着他们悲切的哭声,尤其是在目睹了西安街头几十万东北军和流亡同胞的惨景后,激发了他创作的热情,即刻写出了《松花江上》的歌词,同时他将河北老家的"大悲调"与"哭腔"相结合,谱成了曲调。这首爱国、思乡的歌曲很快传遍了西安,引得无数东北同胞落泪。不久,这首歌曲便响彻了大江南北。

1937年11月,上海沦陷,作曲家刘雪庵同众多爱国人士乘船离开上海奔赴武汉,准备继续抗战。在船上,刘雪庵碰到了文救内地工作委员会的负责人江陵。在闲聊中,他俩谈到了《松花江上》这首作品。江陵说道:"此刻的大众,多半是在流亡,在流亡当中所流行的歌曲又太悲哀。"他想"改变这悲哀情绪的心情",来鼓励流亡者的士气。将《松花江上》续写为《流亡三部曲》。于是二人一拍即合,在他们抵达武汉前,完成第二部《流亡》和第三部《战场》的创作。

第二部《流亡》以东北流亡者的口吻叙述了他们在被迫离开故乡后无家可归、走投无路,到开始觉醒,并决定誓死抵抗的心路历程。第三部《战场》用号召性的音调呼唤大家走上战场,共同保卫祖国,并争取最后的解放。正如江陵所说:"我们愿意把这部流亡三部曲,作为送走流亡的葬歌,我们愿意把这部流亡三部曲,作为集合同胞走向战场的号炮,我们愿意我们的作者和歌者都在战场上相见,为抗战的胜利而歌唱!"

《流亡三部曲》一经刊发便受到了各界的极大关注,更成为抗战歌曲的代表作之一,国民政府还曾下令不得单唱第一部《松花江上》,必须唱完整部《流亡三部曲》。同时,《流亡三部曲》还被改编为歌剧,著名舞蹈家吴晓邦也曾根据其音乐创作了《流亡三部曲》的独舞,由妻子盛婕在重庆首演。

虽然,《流亡三部曲》在今天已不被多数人所知,但它在抗战时期所发挥的作用将永记史册。

播出时间│2019年4月4日

主讲专家│重庆科技学院教授　　胡伟清

减税降费的影响到底有多大

2019年1月1日开始实施的个人所得税新的起征点,以及赡养老人、子女教育、住房租金、继续教育等项费用的税前抵扣,给我们老百姓带来了直接的、实实在在的好处,我的很多朋友,每月比原来的税负,减少了数百元。

先谈降费,也就是降低行政事业性收费,比如降低网费、过桥过路费等,就与我们老百姓息息相关。

至于减税,看起来似乎与我们工薪阶层没有直接关系。首先,减税是有利于经济增长的。因为对于企业来说,税收就是一种成本。减税降费之后,企业的经营成本就下降了,这节省下来的钱,可以用于很多方面,比如研发新产品,比如增加员工工资,比如进行新的投资,等等,都是有利于经济增长的,而其中的增加工资,则与我们直接相关了吧。即便不是直接相关的,也只是现阶段没有直接相关,但会因为促进下一阶段的经济增长,而会与我们直接相关。

说到经济增长对我们的好处,一个最有力的证明就是:中国改革开放40多年来的经济增长,不是给我们每个中国人都带来了好处吗? 不仅我们的收入增加了,生活便利了,有房有车了,出行便捷了,就是走到国外,腰板也挺得更直了。

其次,经济增长能够增加就业。这一方面对我们已经就业的人来说,失业的压力就减轻了;而对于没有就业的人来说,就业的机会就增加了。所以,对我们老百姓还是有好处的。

再次,企业的盈利水平增加了,就会使股市上涨,这对于投资股市的股民来说,无疑是最大的利好了,相比较降低印花税那样的利好,对企业的减税降费产生的影响更大。而现在中国的股市投资者已经近两亿,我们身边的很多普通人,就是其中的一员,股市的上涨对他们来说无疑是最大的利好之一。而投资收益增加,又会促进消费和投资,从而促进经济的良性循环发展。

我们不妨来看看美国的情况,可以作为参考。

20世纪80年代初,里根当选美国总统。当时,70年代的石油危机刚刚结束,经济并不景气。里根就采纳了"供给学派"的建议,通过降低税率刺激供给的增加,而促进了美国经济20世纪80年代的繁荣,美国股市也开始了长达30多年的大牛市,道琼斯指数1982年第三次站上1000点大关(前面两次分别是1972年和1976年),并从此一路上涨,现在已经是25000多点。里根本人也因此而留名青史,"供给学派"的另一个名称,就叫"里根经济学"。

"清明时节雨纷纷,路上行人欲断魂。借问酒家何处有,牧童遥指杏花村。"这是唐代诗人杜牧写的《清明》。这首诗跟我们现在过的清明节一样,看起来简单,却有着丰富的内涵。

播出时间|2019年4月4日

主讲专家|重庆市师范大学教授　王于飞

寒食话清明　上巳杂花雨

每年阳历4月的4-6日,也就是春分后的第15天左右,太阳位于黄经15度,清明节也就到了。在二十四节气中,清明是表物候的节,含有天气晴朗、草木繁茂的意思。但这段日子也还阴晴不定,乍暖还寒,清明时节雨纷纷,也就成了常有的事情。

清明前后,历来有踏青、扫墓的习俗。我们的先祖每年有春秋两祭,这春祭的时间,就在清明。人们扫墓祭祀、缅怀祖先,以表传承家业,光大宗风和慎终追远的意思。清明的祭祀常常是不动火的,这不只是要预防山火的发生,也还跟古老的寒食节有关。

从日历上看,寒食是在清明节前的一两天。古人在寒食节里禁烟火,只吃冷食,这起源于远古时期的改火制。早期中国人将火种保存、沿用到冬去春来,在冬至后的105天,就要灭去旧火,待三五天后再钻燧取出新火,作为新一年生产与生活的起点,这就叫"改火"或"请新火"。在断火的三五天里,人们只能以冷食度日,"寒食"也就是这么来的。再后来,人们又加上了晋文公和介之推的故事,寒食的意义又有了新的发展。但禁火和请新火的习俗还是一直沿袭。所以到了唐代,韩翃的《寒食》诗还在说:"春城无处不飞花,寒食东风御柳斜。日暮汉宫传蜡烛,轻烟散入五侯家。"

清明节处于寒食禁火的时期,所以也不能轻易举火。宋代王禹偁的《清明》诗里说:"无花无酒过清明,兴味萧然似野僧。昨日邻家乞新火,晓窗分与读书灯。"也就是这一习俗的反映。

清明与寒食,还关联着一个春光明媚,春情浪漫的节日:上巳节,也就是每年三月的第一个巳日,后来被定在三月三日,所以又叫它三月三,或重三。这个节日,也就在清明以后的两三天里。

　　这原本是古人在春暖花开时节,到水边沐浴、野餐和郊游的日子,后来又加入了各种浪漫的风情,变成了传统的女儿节和情人节。在这样的日子里,有着各种愉快的游玩方式。孔子和学生们"冠者五六人,童子六七人,浴乎沂,风乎舞雩,咏而归",是在这个时候;王羲之和一帮酒友流觞曲水,以极视听之娱,也是在这个时候;杜甫说"三月三日天气新,长安水边多丽人",还是在这个时候。

　　《诗经·郑风·溱洧》载:"洧之外,洵訏且乐。维士与女,伊其将谑,赠之以勺药。"少男少女们来到野外的河边,沐浴、赏花、踏青、饮酒,遇到情投意合的,就聊聊天,唱唱歌,送朵鲜花,私订终身。这种习俗,在少数民族三月三的节日里,还可以见到。

　　一个清明节,凝结着多少历史的风雨和岁月的温情。

《祭侄文稿》是一部怎样的作品呢？它是唐代书法家颜真卿的真迹，被誉为"天下第二行书"。

全文一共23行，234字。现存于台北故宫博物院，它与苏轼《寒食帖》、赵干《江行初雪图》一起被称为"镇馆之宝"。

播出时间｜2019年4月4日

主讲专家｜重庆市普通高中精品选修课程"巴渝文化探究"主持人　周刘波

颜真卿《祭侄文稿》背后的历史与审美

颜真卿的字，对大多数人而言并不陌生，从小写毛笔字的时候，多是临颜真卿的《多宝塔碑》入门，一种雍容端庄，风格工整的楷书。

但是，在《祭侄文稿》，我们看到是风格迥异的行书字体：笔迹不够流畅、文字时疏时密，墨色有重有轻，中间涂改有30余字。看得出来它只是草稿，不是端端正正写定的文章。

那么，这张薄薄的纸片为什么会成为"镇馆之宝"？这么一份草稿手记为什么如此受后世追捧？

悲情所至笔凝噎，无心作书化作泪。《祭侄文稿》的最大亮点，就是它背后的历史与情感。

《祭侄文稿》的背景是一场改变唐朝格局的历史事件。

公元755年，繁华一时的大唐帝国，其实已经进入的崩盘的前夜。那一年的十二月，节度使安禄山终于撕下了恭顺的面具，起兵造反。

在安禄山的叛军横扫之下，名将哥舒翰战死，河北二十四郡官军吓破了胆，降的降，逃的逃。唐玄宗知道了，在朝堂上急得直跳脚："河北二十四郡，岂无一忠臣乎！"

唯一的中流砥柱，只有颜真卿和他的从兄：常山太守颜杲卿。

然而在叛军的围攻下，常山危急，颜杲卿向太原尹王承业紧急求援。但王承业拥兵观望，就是不肯援救。无奈之下，颜杲卿率领部下顽强抵抗，直到弹尽粮绝，井水喝光，终遇城破。

城破后的颜杲卿，被押送到洛阳的安禄山大营，他不愿投降，还破口大骂安禄山。安禄山气急败坏，下令将颜杲卿绑在柱上凌迟而死。

同样和颜杲卿牺牲的，还有他的儿子颜季明和其他家属，所谓"颜氏一门死于刀锯者三十余人，其状惨绝人寰"。

两年后大乱初定，颜真卿托人找回亲人的遗骨，寻回的只有装在盒子里的颜季明的头颅。

对着侄子颜季明的头颅，颜真卿的情绪崩溃，在愤怒悲痛中，涂涂抹抹完成了《祭侄文稿》。

常人对于书法作品总的感觉是整洁的、规矩的，但是《祭侄文稿》却打破了常人的看法，它的涂抹残破反映了一位书法家极端状态下的意识，自然流露的笔迹，一气呵成到尾。

他愤怒写道："贼臣不救，孤城围逼，父陷子死，巢倾卵覆。"反映了颜真卿心情极度悲愤，情绪已难以平静。

《祭侄文稿》通篇波澜起伏，时而沉郁痛楚，声泪俱下；时而低回掩抑，痛彻心肝。正是在这些非整洁的涂涂改改之处，蕴含着丰富的信息，是颜真卿思绪犹豫、矛盾、悲愤最集中的体现。它们的审美价值，就是非常规下的书写带来的历史真实。

米芾说这幅字"硬弩欲张，铁柱将立，昂然有不可犯之色"。

最好的艺术，就是以毕生的心血和才华，将生命的爱恨都井喷涌出。

《祭侄文稿》对于中华民族的意义，绝不仅仅是一幅珍贵的书法作品。它短短的234字中，浓缩的是颜真卿面对亲人逝去时的满腔血泪，面对家国动荡时的深深忧虑，更是中华民族在危难之际顽强不屈的精神。

中式英语在过去被称为"洋泾浜英语"，也就是中式化的英语。它是英语学习者按照汉语思维方式而拼凑出的英语，属于带有中国语言特色的英语。广大的年轻学习者把中式英语以幽默自嘲的方式融入学习生活中，成为一种娱乐。

播出时间｜2019年4月11日
主讲专家｜重庆电子工程职业学院　杨　舟

你所不知道的"中式英语"

大家好！我是重庆电子工程职业学院语言文化学专业教师杨舟。

今天，我想和大家谈谈中式英语。中式英语是中国学习者按照汉语思维方式而拼凑出的英语，在英语学习中屡见不鲜。西方人称这样的现象为"Chinglish"，它是Chinese-English合成的新词。这个单词已被英语国家所认同，同时西方人也能理解和宽容语言学习者们所犯的常见的语法错误。语言工作者并不提倡这样的方式，因为它无法很好地与英语国家的人进行交流，不能够很好地掌握正确的外语技能。我们知道一些经典的例子，比如：人山人海 people mountain people sea；给你一点颜色看看 give you a color see see；开黄腔 open yellow gun。现代流行语中，强大的网友们也给出了中式翻译。例如：你行你上啊 you can you up；好好学习，天天向上 good good study, day day up；等等。每逢看到这样的例子，人们总是哈哈大笑，老外们百思不得其解，英语老师无可奈何。我却觉得，这里有一种中国人的幽默和睿智。笨办法未必都是坏事情。

大家知道吗？在今天，中式英语也并非都是语言学习中的反面教材。相反，个别中式英语也竟然为老外口头交流时所运用。例如见面时常用的"好久不见"。按照英文正确的表达是：I haven't seen you for a long time. 或者 We haven't seen each other for a long time. 感觉是不是很长又很难记呢？中式英语发明为"long time no see". 这是一句地道的中式翻译。"不见"直接对应英文 no see. 让人啼笑皆非。然而，这句洋泾浜英语因其简洁有力，便于记忆而渐渐为西方大众们所接受。也逐渐成为标准的英文词组,被收入牛津词典！同样,lose face(丢脸),也是中式英语。2018年,一条名为"中式英语add oil进入牛津词典"的话题,也一度成为热门。《牛津英语词典》是世界上最权威的英语词典,英文是 *Oxford English Dictionary* 。让人们没有想到的是,小时候咱们呐喊助威时略带玩笑的add oil (加油),如今在牛津词典里获得了"合法地位"。

当中国人自嘲被中式英语雷得"里嫩外焦"时,说英语的外国人却开始发起了"拯救中式英语"的活动。在这些拥护中式英语的外国人眼中,英语单词邂逅中国语法,中式英语错得"韵味十足"。在英国《卫报》(*The Guardian*)的报道中称,美国社交类网站Facebook上甚至有"救救中式英语"小组,并吸引了8000多名成员,里边有超过2500条中式英语例子。网友Rick是中式英语的坚定拥护者。他说,自己对中式英语的兴趣是出于"喜欢而非嘲笑"。大多数网民也抱这样的态度,他们喜爱而不是鄙夷中式英语。

其实这也表明了西方人对语言学习犯错的理解和宽容。正如他们在学习汉语时,发音不标准以及用词不当也会闹出笑话,我们也不会特别严厉地批评纠正。所以,语言学习重在交流、能沟通,我们既要严肃认真学习基础技能,也不能过于咬文嚼字限制在语法的框架中,让学习者失去兴趣。但我还是需要提醒咱们语言学习者,对待学习的态度应该是严谨而一丝不苟的,语言的运用也应该大胆勇敢地表达,即使产生错误或者制造了中式英语也没有关系,let it be. 一句经典的话,送给大家:Learn from the false, learn from the failure. (向错误学习,从失败中学习。)

儿童文学作品应该是每个家庭都会接触到的。从绘本、儿童小说乃至妈妈们的睡前故事都是儿童文学的一部分。儿童文学为什么是孩子的必修课？它对孩子的成长到底有哪些好处？今天我结合一些例子来跟大家谈一谈。

播出时间 | 2019年5月2日

主讲专家 | 重庆电力高等专科学校副教授　李军政

从孩子的需求看儿童文学的作用

儿童文学具有和儿童的身心成长相匹配的教育作用。一是情感教育。曹文轩先生说过："当今世界，情感的弱化已是让人忧心忡忡的问题。解决这个问题，几乎是任何一种方式都无法奏效的。最能治这个世纪病的，大概就是文学。文学几乎是唯一的良药。"比如我们的孩子并不知道"骄奢必败"，却对龟兔赛跑的故事津津乐道。他们也不知道所谓的酸葡萄心理，但是他们对狐狸吃葡萄的故事却记忆犹新。安徒生的《丑小鸭》中，讲述的是一只不知道自己是白天鹅的"丑小鸭"。作品中受苦的是那只可怜的"鸭子"，不是孩子。这使小读者跟这段有些悲惨的故事保持相当的距离，培养了小读者的同情心，但并不使孩子对现实人生怀着恐惧。同时又让孩子学习如何正确地处理人生中的挫折和逆境。还如绘本《爷爷变成了幽灵》所传递的温暖和感动。二是审美教育。儿童文学是一种艺术，艺术都是来源于生活的，既是生活的真实反映，也是生活的审美反映。优秀的儿童文学作品总是以其丰富的美感使儿童产生感情上的共鸣，精神上的愉悦和满足，同时也以此陶冶他们的思想情操，培养他们欣赏美、创造美的能力。比如王尔德笔下的《快乐王子》，尽管主人公的结局是悲惨的，但传递了真、善、美这些人类最美好的价值追求，也一定会在小读者的心里埋下美的种子。同时文学作品的艺术性对孩子的语言发展同样有潜移默化的帮助作用。

儿童文学具有认识意义和作用。具有较高思想性和艺术性的儿童文学作品可以丰富孩子的社会经验,认识历史,增长知识、启迪心智。像《卖火柴的小女孩》揭露的是19世纪中叶丹麦社会贫富悬殊的黑暗现实,但作品中是以一个可怜的小女孩美丽的幻想和实际悲剧命运的强烈对比来反映的,易于儿童读者接受。还比如《我喜欢自己》《好饿的小蛇》等都是让孩子学会正确认知的经典绘本。

儿童文学具有满足孩子娱乐要求的作用。追求快乐、充满好奇心是每一个孩子的天性,是儿童生理和心理的自然需要。而孩子的这种天性往往会被"大人们"的种种规则束缚。我们总是习惯让孩子"马上做什么""不应该做什么"等等。孩子也需要释放自己压抑的情绪,比如孩子喜欢养小动物,因为小动物是"听话的",可以满足他们的支配欲望。同样优秀的儿童文学作品,也会从满足孩子先天的好奇心和追求快乐至上的角度出发来创作。让孩子们找到一条释放自己情绪的途径。比如《跑跑镇》《是谁嗯嗯在我头上》《挖鼻孔的大英雄》等等绘本,都是寓教于乐的形式。儿童文学还同时满足孩子的游戏精神。比如我们前面提到的《龟兔赛跑》,还有前段时间风靡校园的《查理九世》里面就有很多探险解谜卡片。

优秀的儿童文学也有培养儿童健全人格作用。儿童的感情更加脆弱,最容易受感染。优秀的儿童文学作品往往比直接的思想品德教育更能有效地促使儿童健全人格的生成。文学作品的感染力可以使得他们的感情更丰富、更充实,以抵抗生活中的困境与不幸。比如经典长篇童话《长袜子皮皮》就塑造了一个奇怪而有趣的小姑娘皮皮的生动角色形象。孩子们从书中感受着皮皮的自信、自立、自强、勇敢,他们同样也会被激励鼓舞。类似的作品还有:斯蒂文森的《金银岛》、马克·吐温的《汤姆索亚历险记》等。

科普进一步 | 荐读

好的儿童文学作品对孩子身心成长的帮助作用非常大。我同样也想告诉各位家长朋友,儿童文学绝对不是孩子的专用品。他们同样适合大人们阅读。如果我是一名医生,我会毫不犹豫地给那些在繁华尘世中寻求心灵宁静的患者开出一剂神奇的"药方":儿童文学。我会在以后的节目中带着大家一起来领略优秀儿童文学作品的独特魅力。

2019年是中国人民解放军建军92周年,每当我们听到《中国人民解放军军歌》的时候,总是会心潮澎湃,激发起一种不可战胜的力量。其实,这首代表中国军队形象的歌曲,由最初的《八路军进行曲》到今天的《中国人民解放军军歌》曾几易其名。

播出时间 | 2019年5月23日

主讲专家 | 北京师范大学艺术学博士,西南大学中国共产党革命精神与文化资源中心博士后　汤斯惟

光辉的历程:中国人民解放军军歌诞生记
——纪念《八路军进行曲》创作80周年

(背景音乐:"向前,向前,向前! 我们的队伍向太阳! 脚踏着祖国的大地,背负着民族的希望,我们是一支不可战胜的力量。")

你知道吗? 这首代表中国军队形象的歌曲,曾几易其名,由最初的《八路军进行曲》到今天的"中国人民解放军军歌"。值此《八路军进行曲》创作80周年之际,让我们一起再次回顾这首经典之作。

1939年,郑律成和公木在延安相遇,郑律成听闻冼星海和光未然共同创作了一部以"黄河"为背景的《黄河大合唱》,受其影响,他立即找到公木,提议两人也合作写一部"大合唱",但具体写什么内容呢? 郑律成说:"就写八路军吧,八路军大合唱! 一共写8支歌。我连起来做个谱儿,大家一块儿唱"。于是,两人说干就干,仅4个多月的时间,就完成了《八路军大合唱》的创作。《八路军大合唱》包括《八路军军歌》《八路军进行曲》《快乐的八路军》《骑兵歌》《炮兵歌》《军民一家》《八路军和新四军》《子夜岗兵颂》8首歌曲,形象、立体地向大家展现了抗战的三个阶段。郑律成在谱曲时,考虑到部队的特点,将这8首歌曲全部用男声来表现,或为独唱、或为齐唱、或为轮唱、又或为大合唱,词曲浑然一体,表现了八路军一往无前、无坚不摧的革命精神。而《八路军进行曲》就是这套《八路军大合唱》中最出众的一首。

1939年冬,《八路军大合唱》在延安的中央大礼堂举行了一次专场演出,由郑律成亲自指挥,歌声如同千军万马回响在杨家岭的上空,轰动了整个延安。

1941年,《八路军进行曲》通过李凌和赵沨传到了抗战大后方。当时大后方的政治环境极其复杂,于是两人决定在保留原曲调的情况下,将歌名改为《军队进行曲》,发表在《新音乐(月刊)》上。

《八路军进行曲》不但深受八路军战士的喜爱,国民党军人也被其雄壮的士气、铿锵有力的风格所吸引,如孙立人就特别喜欢这首歌曲,甚至把歌词中的"我们是一支不可战胜的力量"改为"新一军是一支不可战胜的力量"。

抗战胜利以后,《八路军进行曲》仍是广大官兵最喜爱的军歌之一,其曲调也一直保留原样,后来随着解放战争的爆发,其歌名被改为《人民解放军进行曲》。1949年10月1日,《人民解放军进行曲》被定为开国大典阅兵式乐曲。朱德总司令伴着《人民解放军进行曲》的旋律检阅了受阅部队。从此,《人民解放军进行曲》确立了它在新中国军乐中的重要地位。

1965年,《人民解放军进行曲》更名为《中国人民解放军进行曲》,1988年,经中共中央批准,中央军委决定将其定为"中国人民解放军军歌"。2018年5月1日,《中国人民解放军内务条令(试行)》规定:"中国人民解放军军歌是中国人民解放军性质、宗旨和精神的体现。新兵入伍、学员入校,必须学唱军歌。国庆节、建军节等重大节日组织集会,应当奏唱军歌。"

80年来,这首雄壮激昂的歌曲传遍了祖国的大江南北,它以其磅礴的气势、坚定的信念激励着无数的中华儿女和中国军人,而它所展现的人民军队那种"一往无前的战斗风格和摧枯拉朽的强大力量"也将永世长存。

唐代是中国画又一个丰产高峰时期，精品倍出，以贵族女性为题材的仕女人物画尤为出彩。让我们一起来欣赏记录了盛唐时期贵族生活的传世名作《虢国夫人游春图》。

播出时间｜2019年5月9日

主讲专家｜重庆大学古代文学教师　吴　娇

笔墨丹青中的传统绘画
——《虢国夫人游春图》

　　《虢国夫人游春图》，绢本，设色，宽51.8厘米，长148厘米，原作者是唐代的大画家张萱，可惜早已失传，现在我们能看到的游春图，是辽宁省博物馆收藏的宋代摹本。虽然是模仿的作品，但应是宋徽宗皇家画院里的高人手笔，很好地重现了张萱用工笔重彩画出绮罗人物的风格。仔细观察画中人物的衣服，可以发现衣物褶皱和边线处的颜色会重一些，这种手法叫作"低染"或"凹染"，相比着重描绘褶皱中间部分的"高染"或"凸染"而言，低染会使得衣服看起来更加立体饱满。如今许多女孩子化妆时，会在鼻子和脸颊两侧打深色的阴影，也使用了同样的手法，目的就是为了使五官看起来更立体，显得好看。

　　说起爱美，虢国夫人可谓是非常有个性的一位了。她是杨贵妃的姐姐，也是唐玄宗时期数一数二的美人，因贵妃的关系受到皇帝的宠爱，受封虢国夫人。唐代诗人张祜曾这样描写她："虢国夫人承主恩，平明骑马入宫门。却嫌脂粉污颜色，淡扫蛾眉朝至尊。"短短几句话，一位恃宠而骄、自信张扬的美人形象就跃然纸上了，她无视宫廷礼仪，大摇大摆地骑马入宫，即使是面见天子也不精心装扮，仅仅是薄施粉黛，就足以倾国倾城了。对着张祜的诗歌，我们来看《游春图》中间的两位贵妇人，有研究者认为靠右边的那一位就是虢国夫人。画中的她头上梳着当时流行的堕马髻，脸部丰满圆润，眉毛细而弯，神情悠然自得，是张萱画仕女喜欢作"丰颊曲眉"风格的呈现。肩上搭着白色的披帛，身穿淡青色的纱衣和胭脂色的纱裙，纱裙上还有金色的团花，是典型的盛唐贵妇轻装出行的打扮。贵妇身下的马匹膘肥身健,胸前还挂着红色的"踢胸",全图八匹马中只有四匹挂有踢胸,显示出骑马者身份的高贵。

综观全图,虽然题为游春,却没有画多少春天的风景,只是一队人前呼后拥地骑马缓行,马蹄周围点染了少许绿色,就明确地传达出踏青游玩的意思。这幅画虽然已经历经千年,但是卷中的人物衣饰华丽,表情生动,连乘骑的马匹都装饰得光鲜亮丽,将那个李白杜甫笔下鲜衣怒马的盛唐直观地呈现在观众的眼前。

有一种文字，穿越千年的时空而来，这就是我们的汉字。古今汉字一脉相承，不曾断绝，所以今天的中国人仍能读懂《诗经》《楚辞》等古籍。人们一般认为汉字是用来记录语言、承载文化的，却往往忽略了汉字本身也是一种文化，在汉字的横撇竖捺中蕴含着民族的基因和记忆，映射出古人的思想和文化。

播出时间 | 2019年5月23日
主讲专家 | 重庆第二师范学院文学与传媒学院　　陈　静

汉字中的古代男女两性分工

　　大家好，我是重庆第二师范学院文学与传媒学院的教师，我叫陈静，今天我要来和大家谈谈汉字。我们每天都在使用汉字，可你又对她了解多少呢？汉字是目前世界上唯一仍在广泛使用的表意文字，在世界文字体系的发展过程中，其他的表意文字或者在历史的长河中湮灭消失，或者走向了表音文字，只有汉字坚持以形构意，在漫长的历史选择中历经磨砺而延续了下来，与汉字一起保留下来的不仅是与表音文字截然不同的形体，更是中华千年的文化。可以说，目前世界上仍在使用的文字系统中，没有哪一种如汉字般含有如此丰富的古代社会生活气息和民族文化信息。今天我们就以5个汉字为例来谈谈中国古人对男女两性的认识。

　　“男”的古字形由田和耒耜组成，“女”古字形为将双手放置于胸前，静坐于席的女子形象，中国古代是农耕社会，主要依靠人的劳力从事生产，男子是田间的主劳动力，而女子则深藏于室，被要求贞静和顺，专注于操持家务。“男”“女”两字的“形”把男女两性的社会分工清晰地揭示了出来。并且“女”这个字形还把古人席地而坐的坐姿记录了下来。

　　男女到了一定年龄就要结为夫妇，承担起绵延子嗣的责任，这是宗族的大事。“夫”之字形为一正面站立的人的形象，头部的一横代表发簪，古代男子以束发加冠代表成年，束发加冠后的男子为“夫”，古人认为此时的男子无论是身体、智慧还是学识都达到了"成人"的标准。"冠礼"后的男子不仅可以成婚了，还意味着可以追求事业，大展抱负一遂平生之志了。比如，曹植和陶渊明的诗歌中都有"丈夫志四海"的句子。"妇"甲骨文字形为 𪧸，左边是"扫帚"的"帚"，右边是"女"，是一个持帚洒扫的形象，以此表现成婚后的女子主要负责家庭事务，被约束在家庭之中，所以在古代的家庭关系之中，有"男主外女主内"的说法。丈夫在外发展事业，建功立业，妻子则在家负责料理内务，故家有女则"安"𡨎，"安"字为房中有女子之形，古人讲"成家立业"，"成家"在"立业"之前，因为家中有女性可以料理日常事务，男子方可消除后顾之忧专注于追求功名和事业。我国古代有很多思妇诗，里面的丈夫或游学在外，或外出求官，或戍边打仗，家中事物全赖妻子料理。宋代大文豪苏轼小时候，父亲苏洵游学四方，苏轼的母亲就在家中主持家务，并负责对苏氏兄弟的教育。时至今天，这种观念仍然留存在我们的社会生活中。不过今天的女性是幸运的，只要愿意付出努力，就可以和男性一样打拼出自己的天地，愿女性朋友们都可以拥有自己的事业！

科普进一步 | 荐读

在东汉的时候，有一个叫许慎的学者写了一本叫《说文解字》的书，对汉字的造字规律进行总结，归纳出"六书"：象形、指事、会意、形声、假借和转注。从此以后，人们再造新字时就有了依据了。唐朝女皇武则天为自己名字造的字"曌"代表"日月凌空，普照大地"，就是用的"会意"的方法造字。

每个人都会遇见感冒,都为体会到感冒发生、好转到治愈的全过程。但大家有没有想过感冒为什么会发生呢?为什么不同季节的感冒症状会有或多或少的不同呢?今天我们就从中医的角度,通过四季气候的差异,带大家一起认识风、寒、暑三个病邪。

播出时间 | 2019年5月30日

主讲专家 | 重庆市中医院儿科副主任　郑　姗

感受外邪,患上感冒——中医有话说

　　今天我还是和大家谈谈感冒。感冒是每人都会碰到的。俗话说吃五谷,生百病。小小的感冒,真还有大的说道。人在一年四季之中,难免会染上感冒。或是风寒,或是风热,或是暑热。这都与不同季节,感受的外邪不同有关。正如冬季多寒邪,人们常常会患风寒感冒。夏季多暑热,人们常常会中暑。

　　所以,中医就把一年四季容易感受的外邪进行了分类。这就是中医常说的外感六淫:“风、寒、暑、湿、燥、火”。自然界存在着风寒暑湿燥火六种气候变化,称为“六气”,六气的正常运行,有利于万物的生长变化,对人体是无害的。但是如果六气太过或不及,则会出现气候反常,在人体正气不足、抵抗力低下时,就能成为致病因素,则称“六淫”。六淫邪气多与季节气候、居住环有关。正如春多风邪;夏季多见暑热;长夏多遇暑湿;秋季多燥邪;冬季多为寒邪;火邪四季都可见,但还以夏季为多。

1.风邪——春季多风病

　　(1)风为阳邪,风为百病之长。六淫邪气之首。原因有两个。

　　其一,风邪最容易合并其他邪气,一同使人治病。如风寒之邪、风热之邪、风湿之邪等;其二,风邪是致病最多的邪气。

　　风邪的特性轻扬。容易向上、向外、发散升散开去。所以感受风邪后就有两大特点。

　　第一,风邪可以使人皮肤体表疏泄开张,表现为汗出、恶风、全身瘙痒的特点;

第二，从病位而言，风邪多侵犯人体的上部，如头部。所以感受风邪侵袭时，就常常能见到鼻痒鼻塞流涕，咽痒咳嗽等症状。

2.寒邪——冬季多寒病

（1）寒邪为阴邪，易伤人体的阳气。寒邪致病多有局部或整体受寒等表现，如怕冷、关节冷痛，吐泻清稀、咳嗽痰稀等表现。

（2）寒邪凝滞。寒邪侵袭人体，使人体气血津液运行迟缓，凝滞阻塞而不通，"不通则痛"，所以感受寒邪后就会出现头颈背部疼痛，给予热敷泡浴后可以得到缓解。

（3）寒性收引。寒邪侵犯人体可使机体的气机收敛闭塞，经络经脉收缩而挛急。寒邪侵犯肌表，可致腠理闭塞，汗孔闭合，出现发热恶寒，无汗等症状。

冬季多寒邪，如诗云："孤舟蓑笠翁，独钓寒江雪""冬入愁寒雨，云开近夕阳"。

寒邪致病多有发热恶寒无汗、身体疼痛特点，治疗多采用散寒止痛。

3.暑邪——夏季见暑病

（1）暑为阳邪，其性炎热。暑邪具有酷热之性，多表现出一系列阳热症状，如高热、心烦、面红、烦躁.

（2）暑邪易伤津耗气扰神。易于耗伤津液，出现大汗出，口渴喜饮，唇干舌燥，尿赤短少等。暑热可以扰动心声，在夏季中暑后，会出现气短乏力，甚则突然昏倒，不省人事，我们称之为中暑。

夏季多见暑病，如诗云："何以消烦暑，端坐一院中""瘴气如云，暑气如焚"等，暑邪致病多有高热、烦躁、心烦等特点，治疗多清热解暑。

科普进一步 | 荐读

人类与自然界时刻保持着密切联系，自然界气候的变化，也会在人类的生命活动中得以体现，这就是中医所说的天人相应。古人经过长期的对自然气候的观察，发现春温—夏热—秋凉—冬寒，往复循环，是自然规律。但气候变化过于急骤，超过一定限度就会产生六淫，如风邪、寒邪、暑邪。这些邪气就会侵入人体的口鼻或皮毛，而出现感冒症状。

> "卡路里"这一名词,几乎人人知晓。现在被广泛用的食品营养、健身领域。人们常常将它与肥胖联系在一起。在传统的观念里认为,一卡路里等于一卡路里。只要保证每天的卡路里摄入量小于或等于消耗量,就能让体重下降或持平。

播出时间 | 2019年6月6日

主讲专家 | 重庆电子工程职业学院副教授　张　蕾

卡路里到底长什么样呢?

大家最近是否常常听说"春季不减肥,夏季徒伤悲"呢。

脱去厚重的外套许多人发现身上不知何时穿上了"游泳圈",于是不约而同的选择在春暖花开时加入脂肪消灭战。但这过程并不那么如人意,随着时间的推移,陆陆续续的有人放弃,到冬季便所剩无几了。冬季过去,脂肪犹在,这样一个过程又重新开始。反复的失败,人们也不可避免地在与吃进肚子里的食物进行搏斗。许多减肥的人习惯在吃东西的时候去计算卡路里,有的人恨不得精确到小数点,最大降低摄入量;有的人则期望把吃进去的全部消耗掉。

这位我们长期征战的卡路里到底长什么样呢? 这个深入人心的名词"卡路里",其实是一个能量单位,简而言之是一公斤水升温一摄氏度所需的热量。我们常常将它与食品联系在一起,但它们实际上适用于含有能量的任何物质。卡路里简称"卡"(缩写是 cal,由 Calorie 译来)。现在被广泛用在食品营养、健身领域。国际标准的能量单位是焦耳(joule)。作为食物热量的法定单位,在欧洲普遍使用焦耳,美国则采用卡路里。中国的法定单位是焦耳,由于沿袭传统,卡路里也仍然在被广泛地使用。

1千卡=1000卡=1000卡路里=4184焦耳=4.184千焦

在传统的观念里认为,一卡路里等于一卡路里。只要保证每天的卡路里摄入量小于或等于消耗量,就能让体重下降或持平。真的是这样吗? 这也就是说你吃多少长多少,吃100卡路里长100卡路里,无论吃的是蔬菜水果还是巧克力蛋糕。实际上卡路里分为大卡和小卡两种。我们常常说的是大卡,被记做大写字母C,最常见于食品标注,小卡被记做cal。如果我们看到果汁200C实际上是20万卡路里。说到这里,大家也不用担心。健身运动时说的消耗150卡,一般是说150大卡,15万卡路里。人体的消化吸收是一个复杂的过程。还记得不少人小时候误食西瓜籽以为肚子里会长出西瓜来吗?后来我们都知道它会被消化掉。有一类食物叫"see you tomorrow",例如芹菜,金针菇。如果我们计算了一天的摄入量,那得计算出消耗量去比较吧。人们常常说"吃饱了才有力气减肥",但事实上我们在吃东西时,就已经在减肥了。人体完成这一过程是需要耗费能量的,而且消化蛋白质所需要的能量比消化脂肪的多5倍。另外,人们日常工作、活动,以及人体的生命活动都是需要消耗热量的。如同开车需要油、运行手机需要电。这样一来可能会算到我们头疼。

若人体每日摄入的能量不足,长期处于饥饿状态,会出现基础代谢降低、体力下降、消瘦、注意力分散、工作能力降低等。可当摄入量过剩时,多余的部分就会变成脂肪贮存起来。脂肪的囤积又会困扰许多人。这究竟如何是好呢?我们知道了解食物所含卡路里,能帮助我们平衡卡路里的摄入和消耗。但面对美食其实没有多少人真的能控制食欲。与其花大把的时间去精确计算,不如合理选择食物均衡膳食,再结合运动是最好的。而对于长期缺乏锻炼的人来说,动起来是很艰难的过程。这需要选择适合适量的运动,循序渐进的去改善自己,拥有更理想的身材会更加容易。

科普进一步 | 荐读

体脂超标是健康危险因素之一。日常体脂肪管理,定时适量的运动、结合健康的饮食、良好的生活习惯,有利于增加管理效果。我们可以你参考《中国居民膳食指南》,它是结合国情制定的,引导人民群众平衡膳食,摄取合理营养促进健康的指导性意见。

6月6日,工信部为四家运营商颁发5G了牌照,这标志着5G正式进入了我们的生活中。5G已经不再是一个将来时的概念,它已经成为一个进行时的现实。那么,什么是5G呢?

播出时间|2019年6月27日
主讲专家|重庆交通大学教师,传播学博士　陈芊芊

5G来了

　　简单来说,5G就是第五代移动通信技术,是我们现在使用的4G技术的延伸和产业延展。从通信技术本身来讲,5G网络主要有三大特点:速度快、容量大、延时短。那么,5G网络会给新闻传播带来什么样的影响与改变呢?

　　首先,5G技术高速率、大容量、延时短的传播特点,将推动传媒业内容采集、加工体系的重构。相比4G,5G不仅拥有更加强大的系统容量,而且还能支持语音、数据、图像、视频等多种业务的高效传输,新闻从业者几乎可以不受限制地传输大量数据文件,实现数百张新闻照片或者新闻视频的瞬间传送,新闻传播的效率将大大提高,新闻将会实现"即摄即传"。同时,专业化、高质量的视频形式将成为人们获取新闻的首选,"短视频"将会过渡到"视频流"甚至是"超视频",最终实现"无所不传""无刻不传"。

　　其次,5G时代信息传播形式将更加具象、直接、多维和动态,新闻产品的呈现形式也将更加虚拟化、立体化。5G来临之前,VR/AR技术(也就是虚拟技术)及终端设备虽然经过多次改进,但用户视觉体验仍然不佳。5G网络高带宽、低延时的特性将改变这种现状,新闻媒体通过借助各种新媒体技术,将能够为受众构建身临其境、虚实融合的沉浸式新闻内容,大幅提升受众的体验感和交互性。比如CGTN就在"一带一路"高峰论坛期间首次在新闻直播与录播过程中运用AR技术进行虚拟植入,把大量的地图、数据、中欧班列、石油开采、港口等进行了精准的演绎,生动地诠释了"一带一路"以及世界各个地区和国家的经济、文化往来。

另外，在5G时代，"数据"将成为传播的基础。新闻媒体智能化收集数据、存储数据、分析数据、展示数据的能力获得全面提升。在新闻报道过程中，媒体从业者能够更加方便快捷地引入大量数据信息，针对新闻事件进行多维分析，丰富新闻内容，并且能够将繁杂的数据简单化、关联化，以直观生动的可视化形式呈现，满足不同受众需求。例如，新华社的"MAGIC"智能生产平台在2019年世界杯期间针对球员数据、球队数据、进球数据、跑动距离等内容进行了多维度数据分析与比较，并通过可视化的方式呈现给球迷，极大地丰富了报道内容。未来，数据的多维分析与可视化还能够为新闻的深度报道提供了一种新的范式。

总之，5G时代意味着崭新的机遇与无限的可能。颠覆时空的阻隔，突破传播壁垒、带来万物互联的5G新技术将彻底深刻地改变人们接收信息的体验和生活娱乐的方式，也势必会给新闻传播带来前所未有的革新。

科普进一步 | 荐读

在泛媒介论中，媒介是人体和心灵的技术延伸，因此一切人类的延伸（技术）都可以算作媒介。在这一前提下，加拿大思想家麦克卢汉又从社会意义出发，在其1961年的著作《理解媒介》中提出了"媒介即讯息"的观点。"媒介即讯息"一语的内涵其实是不断进化的媒介技术对人类社会有关无所不在的重大影响，这影响不发生在意见或观念层面，而是在于媒介技术以其特有的技术规则改变并决定了人的感官比率和感知方式。